Bibliothek der Mediengestaltung

Konzeption, Gestaltung, Technik und Produktion von Digital- und Printmedien sind die zentralen Themen der Bibliothek der Mediengestaltung, einer Weiterentwicklung des Standardwerks Kompendium der Mediengestaltung, das in seiner 6. Auflage auf mehr als 2.700 Seiten angewachsen ist. Um den Stoff, der die Rahmenpläne und Studienordnungen sowie die Prüfungsanforderungen der Ausbildungs- und Studiengänge berücksichtigt, in handlichem Format vorzulegen, haben die Autoren die Themen der Mediengestaltung in Anlehnung an das Kompendium der Mediengestaltung neu aufgeteilt und thematisch gezielt aufbereitet. Die kompakten Bände der Reihe ermöglichen damit den schnellen Zugriff auf die Teilgebiete der Mediengestaltung.

Weitere Bände in der Reihe http://www.springer.com/series/15546

Peter Bühler
Patrick Schlaich
Dominik Sinner
Andrea Stauss
Thomas Stauss

Produktdesign

Konzeption – Entwurf – Technologie

Peter Bühler
Affalterbach, Deutschland

Patrick Schlaich
Kippenheim, Deutschland

Dominik Sinner
Konstanz-Dettingen, Deutschland

Andrea Stauss
Schwäbisch Gmünd, Deutschland

Thomas Stauss
Schwäbisch Gmünd, Deutschland

ISSN 2520-1050   ISSN 2520-1069   (electronic)
Bibliothek der Mediengestaltung
ISBN 978-3-662-55510-1   ISBN 978-3-662-55511-8   (eBook)
https://doi.org/10.1007/978-3-662-55511-8

Die Deutsche Nationalbibliothek verzeichnet diese Publikation in der Deutschen Nationalbibliografie; detaillierte bibliografische Daten sind im Internet über http://dnb.d-nb.de abrufbar.

The Next Level – aus dem Kompendium der Mediengestaltung wird die Bibliothek der Mediengestaltung.

Im Jahr 2000 ist das „Kompendium der Mediengestaltung" in der ersten Auflage erschienen. Im Laufe der Jahre stieg die Seitenzahl von anfänglich 900 auf 2700 Seiten an, so dass aus dem zunächst einbändigen Werk in der 6. Auflage vier Bände wurden. Diese Aufteilung wurde von Ihnen, liebe Leserinnen und Leser, sehr begrüßt, denn schmale Bände bieten eine Reihe von Vorteilen. Sie sind erstens leicht und kompakt und können damit viel besser in der Schule oder Hochschule eingesetzt werden. Zweitens wird durch die Aufteilung auf mehrere Bände die Aktualisierung eines Themas wesentlich einfacher, weil nicht immer das Gesamtwerk überarbeitet werden muss. Auf Veränderungen in der Medienbranche können wir somit schneller und flexibler reagieren. Und drittens lassen sich die schmalen Bände günstiger produzieren, so dass alle, die das Gesamtwerk nicht benötigen, auch einzelne Themenbände erwerben können. Deshalb haben wir das Kompendium modularisiert und in eine Bibliothek der Mediengestaltung mit 26 Bänden aufgeteilt. So entstehen schlanke Bände, die direkt im Unterricht eingesetzt oder zum Selbststudium genutzt werden können.

Bei der Auswahl und Aufteilung der Themen haben wir uns – wie beim Kompendium auch – an den Rahmenplänen, Studienordnungen und Prüfungsanforderungen der Ausbildungs- und Studiengänge der Mediengestaltung orientiert. Eine Übersicht über die 26 Bände der Bibliothek der Mediengestaltung finden Sie auf der rechten Seite. Wie Sie sehen, ist jedem Band eine Leitfarbe zugeordnet, so dass Sie bereits am Umschlag erkennen, welchen Band Sie in der Hand halten. Die Bibliothek der Mediengestaltung richtet sich an alle, die eine Ausbildung oder ein Studium im Bereich der Digital- und Printmedien absolvieren oder die bereits in dieser Branche tätig sind und sich fortbilden möchten. Weiterhin richtet sich die Bibliothek der Mediengestaltung auch an alle, die sich in ihrer Freizeit mit der professionellen Gestaltung und Produktion digitaler oder gedruckter Medien beschäftigen. Zur Vertiefung oder Prüfungsvorbereitung enthält jeder Band zahlreiche Übungsaufgaben mit ausführlichen Lösungen. Zur gezielten Suche finden Sie im Anhang ein Stichwortverzeichnis.

Ein herzliches Dankeschön geht an Herrn Engesser und sein Team des Verlags Springer Vieweg für die Unterstützung und Begleitung dieses großen Projekts. Wir bedanken uns bei unserem Kollegen Joachim Böhringer, der nun im wohlverdienten Ruhestand ist, für die vielen Jahre der tollen Zusammenarbeit. Ein großes Dankeschön gebührt aber auch Ihnen, unseren Leserinnen und Lesern, die uns in den vergangenen fünfzehn Jahren immer wieder auf Fehler hingewiesen und Tipps zur weiteren Verbesserung des Kompendiums gegeben haben.

Wir sind uns sicher, dass die Bibliothek der Mediengestaltung eine zeitgemäße Fortsetzung des Kompendiums darstellt. Ihnen, unseren Leserinnen und Lesern, wünschen wir ein gutes Gelingen Ihrer Ausbildung, Ihrer Weiterbildung oder Ihres Studiums der Mediengestaltung und nicht zuletzt viel Spaß bei der Lektüre.

Heidelberg, im Frühjahr 2019
Peter Bühler
Patrick Schlaich
Dominik Sinner

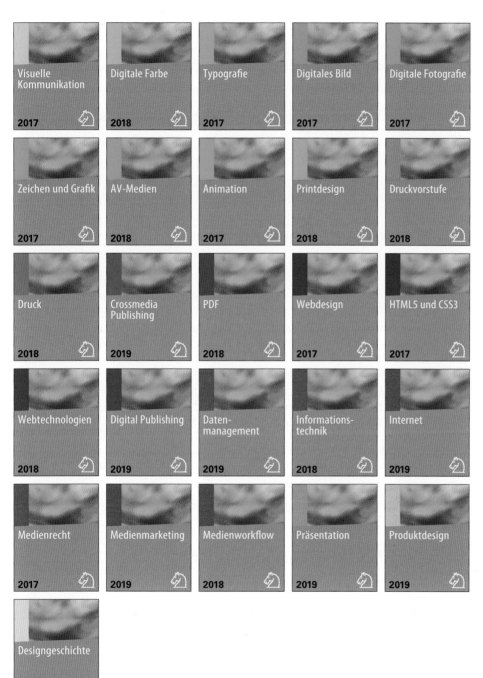

Bibliothek der Medien-gestaltung

Titel und
Erscheinungsjahr

Weitere Informationen:
www.bi-me.de

Visuelle Kommunikation — 2017	
Digitale Farbe — 2018	
Typografie — 2017	
Digitales Bild — 2017	
Digitale Fotografie — 2017	
Zeichen und Grafik — 2017	
AV-Medien — 2018	
Animation — 2017	
Printdesign — 2018	
Druckvorstufe — 2018	
Druck — 2018	
Crossmedia Publishing — 2019	
PDF — 2018	
Webdesign — 2017	
HTML5 und CSS3 — 2017	
Webtechnologien — 2018	
Digital Publishing — 2019	
Datenmanagement — 2019	
Informationstechnik — 2018	
Internet — 2019	
Medienrecht — 2017	
Medienmarketing — 2019	
Medienworkflow — 2018	
Präsentation — 2019	
Produktdesign — 2019	
Designgeschichte — 2019	

VII

4 Designethik 30

5 Werkstoffe 44

6 Fertigungsverfahren 58

7 Modellbau 64

8　3D-Druck　74

9　Rechtliche Grundlagen　82

10 Produkt und Digitalisierung 90

11 Anhang 96

1.1 Begriffsdefinition

Produktdesign ist Teil der ständig wachsenden Kreativwirtschaft. Die Begriffe Produktdesign, Industriedesign und Produktgestaltung sind heute Synonyme. Sowohl Designer führen eine dieser Bezeichnungen als auch Hochschulen benennen ihre Studiengänge nach einem dieser Begriffe.

Der Begriff Produktdesign ist, wie auch der Begriff „Design", im Sinn einer Berufsbezeichnung nicht geschützt. Jeder kann sich Designer[1] nennen. Selbst in Bereichen wie Frisör oder Nagelpflege wird von „Hair-Design" und „Nail-Design" gesprochen und geworben.

Tätigkeit eines Produktdesigners[1]

Produktdesign ist die Dienstleistung, seriell und industriell gefertigte (Massen-) Produkte zu konzipieren und zu entwerfen. Diese Produkte werden häufig noch unterschieden in:

- Konsumgüter für Privatpersonen, z. B. Leuchten, Möbel, Werkzeuge und Fahrzeuge, Haushalts- und Elektrogeräte wie Kaffeemaschinen, Rasierer, TV, Smartphones oder Tablets
- Investitionsgüter für Unternehmen, z. B. Medizintechnik, Nutzfahrzeuge, Werkstatt- und Industrieausstattungen wie Maschinen, Messwerkzeuge, Werkzeuge, Leuchten

Die Tätigkeit erfolgt entweder als selbstständiger, freier Designer, als Angestellter in einem Designbüro oder als Angestellter bei einem Hersteller. Aufgaben eines Produktdesigners sind:

- Produkte und Produktfamilien planen und konzipieren
- Zielgruppen definieren
- Bereits erhältliche Produkte recherchieren und analysieren
- Produkte gestalten unter Berücksichtigung von Handhabung, Bedienung und Ergonomie, aber auch der emotinalen Bindung
- Gestaltungskonzepte visualisieren
- Modelle bauen

Die Arbeit eines Produktdesigners erfordert einerseits kreatives Denken, aber andererseits auch zielgerichtetes, analytischen Vorgehen auf Basis von theoretischen und technischen Kenntnissen.

Produktdesigner arbeiten häufig im Team. Dabei wird bereichsübergreifend gearbeitet z. B. mit Konstrukteuren, Modellbauern, Grafik- oder Kommunikationsdesignern.

Produktdesign heute

Die strikte Einteilung, dass Produktdesigner nur seriell und industriell produzierte Produkte gestalten, verwischt in den letzten Jahren immer mehr. Designer und Designagenturen entwerfen immer häufiger Produkte, die sie selbst vertreiben. Dabei übernehmen sie teilweise die Produktion selbst, meist wird diese aber extern vergeben. Häufig erfolgt die Produktion dabei nicht werkzeuggebunden, im Sinne von z. B. teuren Spritzgussformen, sondern nachfrageorientiert mit CNC-Maschinen oder Rapid Manufacturing (3D-Druck). Die Produkte können dadurch ohne große Mehrkosten dann produziert werden, wenn sie nachgefragt sind, und können individuell auf den Kunden angepasst werden. Eine große und teure Lagerhaltung wird damit vermieden.

Studie Mountainbike, Slogdesign, 3D-Druck von alphacam, 2018

Auf Basis der Körpermaße und des erfassten Fahrstils des Bikers wird die individuell abgestimmte Geometrie des Bikes generiert. Das Customized-Bike wird als 3D-Druck in carbonfaserverstärktem Polyamid gedruckt.

1.2 Berufsfeld Produktdesign

1.2.1 Produktdesigner mit Hochschulstudium

Aufgaben und Tätigkeiten

Die Tätigkeiten eines Produktdesigners[1] sind auf der vorigen Seite beschrieben.

Ausbildung

Die Ausbildung zu Produktdesignern erfolgt mit einem Hochschulstudium. Dieses endet mit dem Bachelor-, bzw. Masterabschluss oder teilweise mit einem Diplom. Diese Abschlüsse sind im Gegensatz zur Berufsbezeichnung Produktdesigner geschützt (Diplomdesigner, Bachelor of Arts (B.A.) oder Master of Arts (M.A.)).

1.2.2 Assistent für Produktdesign

Aufgaben und Tätigkeiten

Assistenten für Produktdesign unterstützen Produktdesigner bei ihrer Arbeit. Durch ihre gestalterische und technische Ausbildung sind sie in der Lage, einerseits die Konzepte und Skizzen der Produktdesigner auszuarbeiten und zu detaillieren. Andererseits setzen sie diese am Computer als CAD-Zeichnungen oder als Renderings und als Modelle um. Ferner bereiten sie Präsentationen vor und übernehmen Teile des Projektmanagements.

Ausbildung

Die Ausbildung zum Assistenten für Produktdesign erfolgt als schulische Vollzeitausbildung. Je nach Bundesland findet die staatliche Ausbildung an Berufsfachschulen oder Berufskollegs statt, dauert zwei bis drei Jahre und

1 In diesem Buch wird aus Gründen der besseren Lesbarkeit ausschließlich die männliche Form verwendet. Sie bezieht sich auf Personen jeglichen Geschlechts.

endet mit einer staatlichen Abschlussprüfung.

1.2.3 Technischer Produktdesigner

Folgende Fachrichtungen werden unterschieden:
- Produktgestaltung und -konstruktion
- Maschinen- und Anlagenkonstruktion

Die Einführung des Ausbildungsberufes technischer Produktdesigner – Fachrichtung Maschinen- und Anlagenkonstruktion führt zu Irritationen, da diese Fachrichtung in keiner Weise der gestalterischen Tätigkeit eines Produktdesigners entspricht, sondern eine Weiterentwicklung des früheren Ausbildungsberufes Technischer Zeichner darstellt.

Aufgaben und Tätigkeiten

Die Aufgaben und Tätigkeiten des technischen Produktdesigners – Fachrichtung Produktgestaltung und -konstruktion entsprechen weitgehend denen des Assistenten für Produktdesign, wobei der Schwerpunkt stärker auf manuellen und rechnergestützten Renderings und CAD-Konstruktion liegt.

Ausbildung

Die dreieinhalbjährige Ausbildung erfolgt dual im Betrieb und an der Berufsschule und schließt mit einer Abschlusspüfung ab.

1.2.4 Technischer Modellbauer

Folgende Fachrichtungen werden unterschieden: Anschauung, Gießerei sowie Karosserie und Produktion.

Aufgaben und Tätigkeiten

Die technischen Modellbauer – Fachrichtung Anschauung arbeiten im Berufsfeld Produktdesign. Ihre Aufgaben und Tätigkeiten umfassen schwerpunktmäßig die Planung und Fertigung von maßstabsgetreuen Modellen aus Papier, Pappe, Holz, Kunststoff einschließlich Modellschaum oder Metall. Grundlage dazu sind Skizzen und Zeichnungen der Produktdesigner. Die Fertigung der Modelle erfolgt manuell (durch z. B. Sägen, Fräsen, Bohren) oder rechnergestützt (durch Laserschneiden, generative Fertigungsverfahren).

Ausbildung

Die dreieinhalbjährige Ausbildung erfolgt dual im Betrieb und an der Berufsschule und schließt mit einer Abschlusspüfung ab.

1.2.5 Weitere Berufe rund ums Produktdesign

Produktdesigner arbeiten häufig im Team und interdisziplinär. Im Folgenden werden wichtige angrenzende Berufe kurz vorgestellt.

Interaktionsdesigner

Durch die steigende Digitalisierung von Produkten und deren komplexe Funktionen wird die Mensch-Maschine-Interaktion immer wichtiger. Die Tätigkeiten liegen zwischen Produkt- und Kommunikationsdesign. Einige Hochschulen bieten den Studiengang Interaktionsdesign an.

Grafik- oder Kommunikationsdesigner

Der Tätigkeitsbereich liegt in der visuellen Kommunikation. Diese umfasst sowohl die klassischen Printmedien als auch die digitalen Medien wie Internetauftritte oder die Oberflächen von Displays und Apps. Schwerpunkte sind Grafik, Layout, Typografie, Illustration, Fotografie, Werbung, Corporate Design.

Die Ausbildung erfolgt in Vollzeitschulen, dual (Ausbildungsbetrieb und Berufsschule) oder an Hochschulen.

Konstrukteur

Konstrukteure sind häufig Ingenieure oder Techniker. Die Ausarbeitung der Konstruktion erfolgt meist mit Hilfe von CAD-Systemen. Die Aufgabe umfasst die Festlegung von Werkstoffen, die Dimensionierung der Bauteile, die Fertigungsplanung und die Festlegung von Fertigungstoleranzen und -kontrollen.

	Produktdesigner Interaktionsdesigner	Assistent für Produktdesign	Technischer Produkt- designer – Fachrichtung Produktgestaltung und -konstruktion	Technischer Modellbauer – Fachrichtung Anschauung
Ausbildungart	Hochschulstudium	schulische Ausbildung in Vollzeit	duale Ausbildung (Betrieb und Berufsschule)	duale Ausbildung (Betrieb und Berufsschule)
Voraussetzung	(Fach-)Hochschulreife (hochschulabhängig)	mittlerer Bildungsabschluss	keine – über 50 % der Auszubildenden haben Hochschulreife, fast 40 % mittlere Reife	keine – über 60 % der Auszubildenden haben Hochschulreife, ca. 30 % mittlere Reife
Ausbildungsdauer	Bachelor of Arts (B.A.): ▪ 6 bis 8 Semester Master of Arts (M.A.): ▪ 2 bis 4 Semester Diplomdesigner: ▪ 8 bis 10 Semester	2 bis 3 Jahre (abhängig vom Bundesland)	3 ½ Jahre	3 ½ Jahre
Abschluss	▪ Bachelor of Arts (B.A.) ▪ Master of Arts (M.A.) ▪ Diplomdesigner	▪ Assistent für Produktdesign ▪ ggf. Fachhochschulreife	▪ Technischer Produktdesigner	▪ Technischer Modellbauer

1.3 Aufgaben

1 Tätigkeit eines Produktdesigners beschreiben

Beschreiben Sie wichtige Tätigkeiten eines Produktdesigners.

4 Tätigkeiten eines Modellbauers kennen

Beschreiben Sie die Tätigkeit eines Modellbauers – Fachrichtung Anschauung.

2 Produktdesign heute beschreiben

Produktdesigner entwerfen heute nicht immer nur Massenprodukte. Geben Sie Gründe dafür an.

5 Studiengänge Produktdesign recherchieren

Recherchieren Sie auf den Internetauftritten von Hochschulen die Möglichkeiten Produktdesign zu studieren. Notieren Sie die Hochschulen und die Bezeichnung der Studiengänge.

3 Ausbildungswege kennen

Vergleichen Sie die Ausbildungswege zum Assistenten für Produktdesign mit dem des technischen Produktdesigners.

2.1 Produktleben

Bei der Gestaltung von Produkten muss der Designer das ganze Produktleben berücksichtigen. Das Produktleben ist eine Sichtweise auf Produkte und deren Lebenszyklus. Es unterscheidet sich vom Gestaltungsprozess und den Projektphasen des Projektmanagements. Die drei Bereiche überschneiden sich:
- Gestaltung ist Teil des Produktlebens.
- Produktleben muss bei der Gestaltung berücksichtigt werden.
- Projektmanagement dient der Steuerung von Gestaltungsprozessen.

2.1.1 Lineares Produktleben

Das Produktleben kann auf eine relativ einfache, lineare Grundformel reduziert werden, die in der Fachliteratur häufig mit den englischen Begriffen „take – make – use – waste" bezeichnet wird. Dabei wird das Produktleben folgendermaßen beschrieben:
- Rohstoffgewinnung (take)
- Herstellung des Produkts (make)
- Nutzung des Produkts (use)
- Entsorgung des Produkts (waste)

Diese Beschreibung lässt vielfältige Erweiterungen und Differenzierungen zu. So kann bei der Rohstoffgewinnung neben dem Abbau der Rohstoffe deren Aufarbeitung und Transport sowie der entsprechende Energieverbrauch in die Betrachtung miteinbezogen werden. Bei der Herstellung kann auch der dazu notwendige Vorlauf, also die Konzeption, die Gestaltung und die Konstruktion des Produkts, aber auch der Werkstoff- und Energieaufwand sowie die Logistik (Lagerhaltung, Transport und Verkauf) berücksichtigt werden.

Bei der Nutzung des Produkts kann Energieaufwand, Haltbarkeit u. Ä. berücksichtigt werden.

Nach der Nutzungsphase wird hier nicht genauer differenziert, wie mit den Produkten verfahren wird, da von einer Entsorgung, was im schlechtesten Fall eine Deponierung bedeutet, ausgegangen wird.

Grenzen des linearen Produktlebens

In der Darstellung des linearen Produktlebens werden keine (Rohstoff-)Kreisläufe berücksichtigt und das Produktleben nur linear beschrieben. Durch die heute notwendige Ressourcenschonung sind aber Roh- und Wertstoffkreisläufe notwendig.

2.1.2 Produktlebenszyklus

Ein Zyklus ist ein Kreislauf regelmäßig wiederkehrender Dinge oder Ereignisse.

In der Betriebswirtschaftslehre wird der Produktlebenszyklus definiert von der Fertigstellung marktfähiger Produkte bzw. vom Prozess der Markteinführung bis zur Herausnahme aus dem Markt.

Im Produktdesign wird unter Produktlebenszyklus etwas anderes verstanden. Hier werden alle Phasen des Produktlebens von der Konzeption des

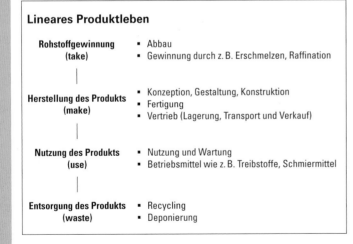

Lineares Produktleben

Rohstoffgewinnung (take)	• Abbau • Gewinnung durch z. B. Erschmelzen, Raffination
Herstellung des Produkts (make)	• Konzeption, Gestaltung, Konstruktion • Fertigung • Vertrieb (Lagerung, Transport und Verkauf)
Nutzung des Produkts (use)	• Nutzung und Wartung • Betriebsmittel wie z. B. Treibstoffe, Schmiermittel
Entsorgung des Produkts (waste)	• Recycling • Deponierung

© Springer-Verlag GmbH Deutschland, ein Teil von Springer Nature 2019
P. Bühler et al., *Produktdesign*, Bibliothek der Mediengestaltung,
https://doi.org/10.1007/978-3-662-55511-8_2

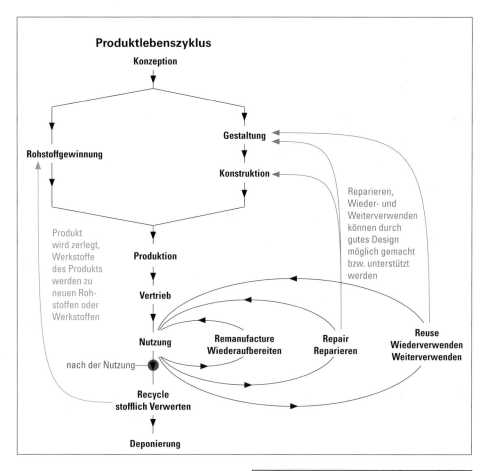

Produktlebenszyklus

Konzeption

Rohstoffgewinnung

Gestaltung

Konstruktion

Reparieren, Wieder- und Weiterverwenden können durch gutes Design möglich gemacht bzw. unterstützt werden

Produkt wird zerlegt, Werkstoffe des Produkts werden zu neuen Roh-stoffen oder Werkstoffen

Produktion

Vertrieb

Nutzung

Remanufacture Wiederaufbereiten

Repair Reparieren

Reuse Wiederverwenden Weiterverwenden

nach der Nutzung

Recycle stofflich Verwerten

Deponierung

Produkts über die Gestaltung, Konstruktion, Rohstoffgewinnung, Herstellung, Vertrieb und Nutzung bis nach dem Ende der Nutzungsphase betrachtet. Ein besonderes Augenmerk liegt dabei auf den Werk- und Rohstoffkreisläufen. Diese werden bereits ab der Konzeption des Produkts geplant. In der Gestaltungs- bzw. spätestens in der Konstruktionsphase werden die Entscheidungen gefällt, die später eine Weiter- oder Wiederverwendung des Produkts (z. B. Verwendung von Senfgläsern als Trinkgläser) oder eine Reparatur (durch z. B. leichte Zerlegbarkeit, modularen Aufbau) zulassen.

Ziele – die „4 R" des Produktlebenszyklus
Reuse – Wieder- und Weiterverwenden
▪ Wiederverwendung von Produkten zum gleichen Zweck, z. B. Pfandflaschen oder Marmeladegläser für selbstgemachte Marmelade ▪ Weiterverwendung von Produkten zu einem anderen Zweck, z. B. Senfglas als Trinkglas
Repair – Reparatur
z. B. Reparatur statt Neukauf von TV-Geräten
Remanufacture – Wiederaufbereiten von Produkten zum gleichen oder einem anderen Zweck
z. B. Autos (Lack polieren, Grundreinigung, Schönheitsreparaturen und Wartung)
Recycle – Verwertung von Werk- oder Rohstoffen
z. B. Sammeln und Einschmelzen von Alteisen

„Rag Chair", Tejo Remy für Droog, 1991

Weiternutzung: Beim „Lumpensessel" presst Tejo Remy 50 kg Lumpen, Hosen, Hemden zwischen Kunststoffstreifen.

7

2.2 Projektmanagement

Bei der Gestaltung von Produkten muss zielgerichtetet, kreativ, aber auch analytisch gearbeitet werden. Diese Arbeit wird oft im Team mit anderen Designern, Modellbauern und Konstrukteuren erledigt. Auch der Auftraggeber ist an diesem Prozess beteiligt. Das Projektmanagement mit seinen organisatorischen Strukturen ist für den Designer zur Steuerung wichtig. So muss er ständig das Projektergebnis und dessen Qualität, aber auch die benötigten Ressourcen und Kosten sowie den zeitlichen Ablauf im Blick haben. Gestaltungsprozesse sind wichtige Teile eines Gestaltungsprojekts. Das Projektmanagement mit seinen Projektphasen dient der Steuerung des Projekts.

2.2.1 Abgrenzung Aufgabe – Projekt

Projektmanagement – Magisches Dreieck

- Zeit und Termine,
- Kosten und Ressourcen,
- Projektergebnis und dessen Qualität

stehen im Gegensatz. Gutes Projektmanagement vermittelt und führt zum Erfolg.

Merkmale von Projekten
• Zielvorgaben
• Abgrenzung zu anderen Vorhaben:
• Einmaligkeit
• Neuartigkeit
• Komplexität
• zeitliche Begrenzung
• projektbezogenes finanzielles Budget
• rechtlich/organisatorische Zuordnung
• häufig Teamarbeit / eventuell interdisziplinär
• messbares Endergebnis

Diagramm: Dreieck mit den Eckpunkten **Ergebnis und Qualität** (oben), **Zeit und Termine** (unten links), **Kosten und Ressourcen** (unten rechts).

„Nicht jede Aufgabe ist ein Projekt!"
Laut DIN 69901 ist ein Projekt ein „Vorhaben, das im Wesentlichen durch Einmaligkeit der Bedingungen in ihrer Gesamtheit gekennzeichnet ist, z. B. Zielvorgabe, zeitliche, finanzielle, personelle und andere Begrenzungen, Abgrenzung gegenüber anderen Vorhaben, projektspezifische Organisation". Wiederkehrende Aufgaben erfüllen die Anforderung der Einmaligkeit nicht und sind somit auch keine Projekte.

International wird der Begriff Projekt ähnlich wie in der DIN 69901 definiert.

2.2.2 Controlling

Das Controlling in einem Projekt dient der Überwachung, Unterstützung und Steuerung. Alle relevanten Projektinformationen werden erfasst, aufbereitet und stehen sowohl den einzelnen Teammitgliedern für die Weiterarbeit als auch der Team- und Geschäftsleitung zur Steuerung des Projekts zur Verfügung.

Ein wichtiges und mächtiges Instrument des Controllings ist das Berichtswesen, mit Sitzungen (Jour fixe), Zwischenpräsentationen, Statusberichten und Protokollen. Im Berichtswesen wird geklärt, wer Berichte erstellt, wie und wem diese verteilt und wo diese abgelegt werden (Bring- oder Holschuld). Die Berichtsinhalte und die Berichtshäufigkeit werden festgelegt.

Berichtsinhalte – Protokolle
Sowohl bei allen Entscheidungen und bei allen Sitzungen/Besprechungen, aber auch in regelmäßigen Abständen (Turnus) werden Berichte/Protokolle erstellt.

Controlling	
bezogen auf Inhalt	**bezogen auf Organisation**
• Dokumentationen	• Arbeitspläne
• Sitzungen	• Zeitpläne
• Zwischenpräsentationen	• Meilensteine
	• Kostenkalkulation
• Berichtswesen – Protokolle	

Diese Berichte/Protokolle haben folgende Bestandteile:

- Ort, Datum und Dauer
- Teilnehmer/Verantwortliche (Namen einschließlich Zugehörigkeit zu Unternehmen/Organisation und Status)
- Anlass und Thema
- Tagesordnungspunkte
- Ergebnisse und Beschlüsse
- Abweichungen, Soll-Ist-Vergleich für Termine, Kosten ...
- Aufgabenliste einschl. Nennung der Verantwortlichen
- Liste von offenen Punkten/Maßnahmen
- Name des Protokollanten/Verfassers des Berichts

2.2.3 Projektphasen

Die erfolgreiche Durchführung von Projekten erfordert ein entsprechendes Projektmanagement. Projekte werden dazu in Phasen (vgl. Grafik unten) eingeteilt.

Das Projektmanagement und die Projektphasen stellen organisatorische Strukturen dar, mit denen allgemein Projekte – also auch Designprojekte – durchgeführt und gesteuert werden können. Wie der Gestaltungsprozess im Einzelnen abläuft, ist im Projektmanagement nicht relevant.

Handelt es sich um ein Produktentwicklungs- oder ein Produktgestaltungsprojekt, muss in der Definitions-, Planungs- und Durchführungsphase das Produktleben unbedingt berücksichtigt werden. Daher spielt das Produktleben auch bei der Projektpräsentation und -evaluation eine Rolle.

Projektablauf – Projektphasen

Definition

- Problemstellung des Projekts wird herausgearbeitet.
- Situation wird analysiert.
- Ziele des Projekts werden formuliert.

Planung
- Struktur- und Terminplan werden erstellt.
- Notwendige Ressourcen werden erfasst.
- Kosten-/Finanzplan wird erstellt.
- Arbeitspakete, Meilensteine und Controlling-Strukturen werden definiert.

Durchführung
- Lösungsstrategien und Ideen werden entwickelt.
- Lösungsansätze werden analysiert und bewertet.
- Entscheidungen werden gefällt.
- Lösungen werden ausgearbeitet, analysiert und optimiert.
- Der Prozess und die Ergebnisse werden dokumentiert und überprüft (Statusbericht, Sonderbericht).

Präsentation
Arbeitsergebnisse werden präsentiert in Form von:
- Zwischenpräsentationen, Endpräsentation
- Präsentation intern oder mit Auftraggeber

Evaluation
Projekt wird geprüft und Abschlussbericht wird erstellt:
- Projektergebnisse
- Prozessverlauf

9

2.3 Gestaltungsprozess

Der Gestaltungsprozess läuft in der Regel wie ein Projekt mit seinen Projektphasen ab. Allerdings gibt es einige Besonderheiten, die einen Gestaltungsprozess auszeichnen. So wird z. B. im verantwortungsvollen Produktdesign in allen Phasen des Gestaltungsprozesses das Produktleben berücksichtigt.

Wesen des Gestaltungsprozesses
Der wesentliche Unterschied von Gestaltungsprozessen zu anderen linearen Prozessen sind die wiederkehrenden Schleifen zur Optimierung der Ideen und des Entwurfs.

Jede dieser Schleifen durchläuft die Arbeitsschritte Analysieren, Definieren und Entwerfen. Genaueres entnehmen Sie der Grafik „Gestaltungsprozess – Entwicklungsspirale".

Der Gestaltungsprozess beginnt mit der außenliegenden Konzeption und geht dann über die Ausarbeitung in die Detaillierung und Konstruktion über. Das Ziel wird spiralförmig erreicht.

Projekt „Mehrzweckleuchte gesucht"
Sie soll vielseitig einsetzbar sein, also zum Tragen, Aufhängen oder Hinstellen und die Möglichkeit bieten, das Kabel aufzuwickeln, sowie ein angenehmes Arbeitslicht abgeben.

Funktionsmodell von Konstantin Grcic

Leuchte „Mayday", Konstantin Grcic für Flos, 1998 (Foto Florian Böhm)

2.3.1 1. Phase des Gestaltungsprozesses – Konzeption

Analysieren – Auftrag
Der Designer erhält einen Auftrag in Form eines Lastenhefts, im Design Briefing genannt. Das Lastenheft wird in der DIN 69901-5[1] beschrieben als die „vom Auftraggeber festgelegte Gesamtheit der Forderungen an die Lieferungen und Leistungen eines Auftragnehmers innerhalb eines Auftrages".

Im Briefing werden die gewünschten Ziele und Leistungen formuliert. So wird das gewünschte Produkt bzw. die gewünschte Produktgruppe samt den technischen Spezifikationen beschrieben. Ferner können die Zielgruppe und die unternehmerischen Ziele (Gewinnung neuer oder Verteidigung bisheriger Marktanteile, Corporate Design und Corporate Image usw.) aufgeführt werden.

Briefings werden sowohl mündlich, z. B. im Kundengespräch, als auch schriftlich formuliert.

Zu Beginn des Gestaltungsprozesses werden die im Briefing formulierten Inhalte, Leistungen und Ziele analysiert. Dazu gehört eine Situationsanalyse einschließlich der erforderlichen Analysen von bereits existierenden (Konkurrenz-) Produkten, Zielgruppen, Werkstoffen oder Fertigungsverfahren. Beachten Sie dazu die entsprechenden Kapitel dieses Buchs.

Definieren – Rebriefing
Anschließend werden die Anforderungen an das neue Produkt bzw. die neue Produktgruppe unter Berücksichtigung der Ziel- und Nutzergruppen sowie der im Briefing festgelegten Vorgaben und Ziele formuliert. Projekt- und Teilziele, aber auch Arbeitspakete und Aufgaben

werden definiert. Notwendige Ressourcen werden eingeplant.

Der Designer formuliert ein Pflichtenheft, auch Rebriefing genannt. Nach DIN 69901-5 enthält das Pflichtenheft die „vom Auftragnehmer erarbeiteten Realisierungsvorgaben aufgrund der Umsetzung des vom Auftraggeber vorgegebenen Lastenheftes".

Das Rebriefing ist die Antwort auf das Briefing und stellt ein wichtiges Kommunikationsmittel dar. Der Designer teilt damit dem Auftraggeber mit, wie er den Auftrag verstanden hat, wie er das Projekt umsetzen wird (Zeitplan und ggf. Ressourcenplanung) und in welcher Form die Ergebnisse vorliegen werden (z. B. Zeichnungen, Modelle, CAD-Daten, fertig konstruierte Spritzgussformen).

Das Rebriefing erfolgt schriftlich oder als Präsentation. Bei Rebriefings als Präsentation empfiehlt es sich zur gegenseitigen Absicherung bei späteren Meinungsverschiedenheiten, das Rebriefung zusätzlich schriftlich zu fixieren.

Entwerfen – erste Ideen
Erste Ideen werden entwickelt und als flüchtige Skizzen oder in Form von einfachen Vormodellen visualisiert.

2.3.2 2. Phase des Gestaltungsprozesses – Ausarbeitung

Analysieren – Ideen
Die vorliegenden Ideen werden nach den definierten Anforderungen analysiert.

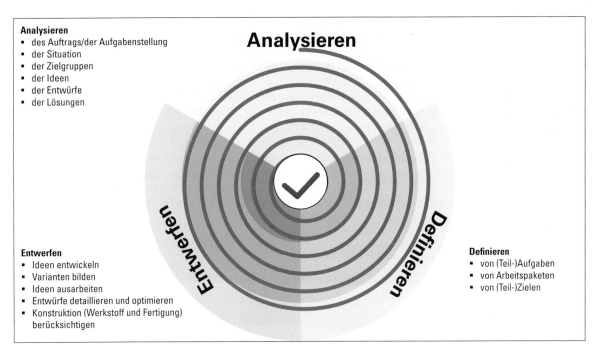

Analysieren
- des Auftrags/der Aufgabenstellung
- der Situation
- der Zielgruppen
- der Ideen
- der Entwürfe
- der Lösungen

Entwerfen
- Ideen entwickeln
- Varianten bilden
- Ideen ausarbeiten
- Entwürfe detaillieren und optimieren
- Konstruktion (Werkstoff und Fertigung) berücksichtigen

Definieren
- von (Teil-)Aufgaben
- von Arbeitspaketen
- von (Teil-)Zielen

Gestaltungsprozess – Entwicklungsspirale

Der Gestaltungsprozess verläuft von der 1. Phase *Konzeption* (außen) über die 2. Phase *Ausarbeitung* (Mitte) und die 3. Phase *Detaillierung und Konstruktion* (innen) in immer wiederkehrenden Schleifen zum Ziel (Mitte).

Definieren – Auswahl & Entscheidungen
Auf Basis der Analyse werden Ideen ausgewählt. Anhand dieser Entscheidungen werden Teilziele sowie Arbeitspakete angepasst oder (neu) definiert. Notwendige Ressourcen werden eingeplant.

Entwerfen – Detaillierung & Optimierung
Die ausgewählten Ideen werden weiterentwickelt, ausgearbeitet und optimiert. Der Detaillierungsgrad steigt ständig. Die Ideen werden dabei als Skizzen und Entwurfszeichnungen visualisiert. Abhängig vom Arbeitsfortschritt und vom Arbeitsstil des Designers bzw. der Vorgehensweise in der Designagentur erfolgt der Wechsel vom manuellen Skizzieren und Zeichnen zur rechnergestützten Arbeit.

Die Entwürfe werden auch als Modelle dargestellt. Zu Beginn sind es noch schnell zu erstellende Vormodelle. Diese dienen als Formstudien und zur Formfindung. Bei fortschreitender Detaillierung und Optimierung werden Vorführ- und Funktionsmodelle gefertigt. Vorführmodelle zeigen die Gestaltung, müssen aber nicht funktionieren. Funktionsmodelle zeigen die Funktionsweise, müssen aber nicht die endgültige Formgebung haben.

Modelle werden auch als Kommunikationsmittel im Designteam und für (Zwischen-)Präsentationen beim Kunden eingesetzt.

Variantenbildung
Ein wichtiges Mittel zu Optimierung der Ideen und Entwürfe ist die Methode der Variantenbildung. Von ausgewählten Ideen oder Entwürfen werden Varianten bezüglich Proportionen, Dimensionen, Farbkonzepten, Werkstoffen, Griff- oder Bedienungssituationen usw. erstellt.

Die Variantenbildung sollte nicht zu kleinschrittig erfolgen. Großschrittige deutliche Variantenbildung hat nicht nur den Vorteil, dass schneller vorangegangen wird, sondern es entsteht auch eine größere Variantenvielfalt. Nachteil kann sein, dass das Ziel überschritten wird. Gegebenenfalls können fehlende Zwischenschritte aber schnell ergänzt werden.

2.3.3 3. Phase des Gestaltungsprozesses – Detaillierung und Konstruktion

Analysieren – Entwürfe
Die Entwürfe werden in Zusammenarbeit mit Konstrukteuren, der Fertigung und dem Auftraggeber analysiert.

Definieren – Planung der Fertigung
Auf Basis der Entwürfe und deren Analyse wird die Produktherstellung

Stuhlsystem, Verner Panton für VS-Möbel

Variation in Größe und Konstruktion: Vom Kinderstuhl bis zum Stuhl für Erwachsene ist für ergonomisches Sitzen jede Größe dabei. Beachten Sie die untere Querstrebe bei den größeren Modellen.

geplant. Werkstoffe und Fertigungsverfahren werden endgültig festgelegt.

Entwerfen – Konstruktion

Nachdem Entwurf, Werkstoffe und Fertigungsverfahren feststehen, erfolgt die Dimensionierung der Bauteile und die Festlegung von Fertigungstoleranzen und -kontrollen. CAD-Zeichnungen und technische Zeichnungen werden erstellt.

Wenn gewünscht werden Endmodelle oder Prototypen oder gar ein Modell für das Designfreeze gebaut.

2.3.4 Präsentationen der Ergebnisse

Die (Zwischen-)Ergebnisse der einzelnen Phasen werden teamintern, der eigenen Geschäftsführung oder den Auftraggebern präsentiert.

2.3.5 Zusammenfassung – Gestaltungsprozess

Entwicklungsspirale

Die Schleife „Analysieren – Definieren – Entwerfen" wird mehrmals durchlaufen. Dabei ist es durchaus möglich, dass nach einer Analysephase festgestellt wird, dass das Ziel auf dem eingeschlagenen Weg nicht erreicht werden kann. Entlang der Entwicklungsspirale wird dann bis zu dem Punkt, bei dem die Vo-

raussetzungen noch gestimmt haben, zurückgegangen.

Je mehr Schleifen durchlaufen werden, umso näher kommt das Ergebnis – die Ideen reifen zu Entwürfen.

Denkweisen in den Phasen des Gestaltungsprozesses

Das mehrmalige Durchlaufen der Schleifen und der damit verknüpfte Wechsel vom einerseits analytischen, rationalen Denken zu andererseits kreativen Phasen ist kennzeichnend für Gestaltungsprozesse.

Diese Wechsel des Denkens und der Denkpositionen machen die Arbeit als Produktdesigner abwechslungsreich und interessant.

Präsentation

Produktleben, Gestaltungsprozess, Projektmanagement – Vergleich der Sichtweisen
Produktleben
Blickt auf Produkte und deren Lebenszyklus. Dabei wird u. a. die Gestaltung des Produkts berücksichtigt.
Gestaltungsprozess
Blickt auf den Ablauf der Gestaltung. Dabei wird sowohl das Produktleben als auch das Projektmanagement berücksichtigt.
Projektmanagement
Blickt auf den Ablauf und die Steuerung von Projekten. Gestaltungsprozesse sind Teil des Projekts.

Projekt „Mehrwegstuhl gesucht"

Er soll vielseitig einsetzbar sein, vom Kinder- und Jugendzimmer über den Kindergarten und das Klassenzimmer bis ins Büro und die Veranstaltungshalle.

Stuhlsystem, Verner Panton für VS-Möbel

Varianten des Stuhlsystems: Freischwinger mit und ohne Armlehne, Vierbeinstuhl, Sitzschale aus Kunststoff oder Buchensperrholz mit und ohne Polsterung, ferner erhältlich mit Kreuzfuss und 3D-Wippmechanik, vgl. auch Abbildungen in Kapitel 3.2.3 *Ergonomie*.

2.3.6 Ablauf – Gestaltungsauftrag, Gestaltungsprozess und Produktleben

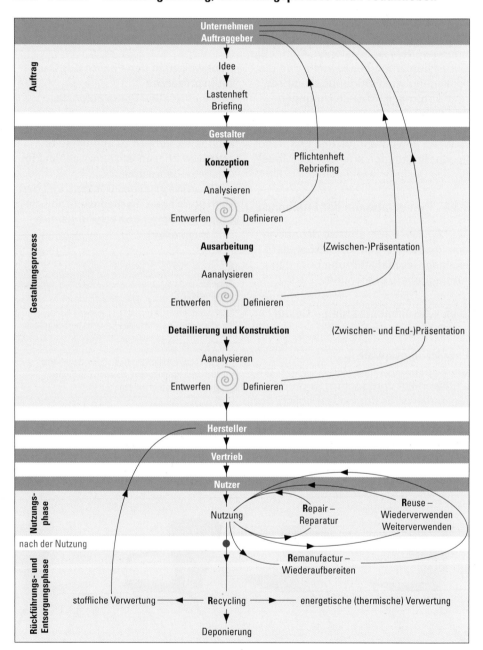

Ablauf – Gestaltungsauftrag, Gestaltungsprozess und Produktleben

Ausgehend von einem Designauftrag werden die Phasen der Beauftragung, des Gestaltungsprozesses und des Produktlebens dargestellt.

14

2.4   Aufgaben

1   Lineares Produktleben erläutern

Nennen Sie die vier Phasen des linearen Produktlebens und erläutern Sie diese stichpunktartig.

2   Ziele der „4 R" des Produklebens beschreiben

Nennen Sie die „4 R" des Produklebens. Beschreiben Sie jeweils die damit verfolgten Ziele und nennen Sie jeweils ein Beispiel.

3   Merkmale von Projekten aufzählen

Zählen Sie Merkmale von Projekten auf.

4   Lasten- und Pflichtenheft definieren

Definieren Sie die beiden Begriffe Lasten- und Pflichtenheft.

Lastenheft (Briefing)

Pflichtenheft (Rebriefing)

5   Gestaltungsprozess beschreiben

Gestaltungsprozesse unterscheiden sich von anderen linearen Prozessen. Beschreiben Sie, was typisch an Gestaltungsprozessen ist.

15

3.1 Anforderungen an Produkte

Bei der Konzeption und Gestaltung von Produkten müssen vom Pflichtenheft (Briefing) bis zur Realisation vielfältige Anforderungen beachtet werden. Im Nachfolgenden werden diese Anforderungen in Kategorien gruppiert vorgestellt.

3.1.1 Zielgruppen

Damit (Analyse-)Ergebnisse Aussagekraft haben, muss bei der Beurteilung von vorhandenen oder neu entworfenen Produkten unbedingt die angesprochene Zielgruppe berücksichtigt werden. In Kapitel 3.4 *Zielgruppen* finden Sie Informationen und Modelle zur Zielgruppendefinition. Ferner ist es wichtig, die Bedürfnisse und den Bedarf der Zielgruppen zu kennen.

Bedürfnisse
entstehen aus dem Gefühl eines Mangels und dem gleichzeitigen Wunsch, diesen zu beseitigen. Die Wünsche der Menschen nach Kleidung, Nahrung und Wohnung sind lebensnotwendige Grundbedürfnisse und die Basis des wirtschaftlichen Handelns (vgl. Grafik).

Bedarf
ist das Verlangen nach bestimmten Gütern zur Befriedigung der Bedürfnisse. Der Bedarf wird mit Kaufkraft (Geld) abgedeckt. Normalerweise teilen Menschen ihr Geld ein und legen eine Reihenfolge fest, mit welchen Gütern sie ihre Bedürfnisse befriedigen. Die Grundbedürfnisse stehen dabei im Vordergrund und steigern sich dann über Wahlbedürfnisse zu Luxusbedürfnissen.

Folgen für das Produktdesign
Produktdesigner müssen die Bedürfnisse der Zielgruppe kennen, um dann die Produkte so gestalten zu können, dass diese deren Bedarf decken.

3.1.2 Gesellschaftliche Bedeutung

Produktdesigner sollten die gesellschaftlichen Folgen der von ihnen entworfenen Produkte berücksichtigen. Fragen nach der Lebensdauer und Haltbarkeit von Produkten (z. B. Stabilität, Styling), aber auch der Zweck von Produkten (z. B. Waffen) oder der Ressourcenverbrauch und die Nachhaltigkeit müssen kritisch hinterfragt werden (vgl. auch Kapitel 4 *Designethik*).

3.1.3 Fertigung und Werkstoffe

Produktdesigner setzen sich bei der Formgebung auch mit den Werkstoffen und den Fertigungsverfahren für das Produkt auseinander. Im Wechselspiel können andere Werkstoffe oder Fertigungsverfahren andere Formen zulassen oder eben andere formale Lösungen andere Werkstoffe und Fertigungsverfahren nach sich ziehen. Zu beachten ist dabei die Nachhaltigkeit (vgl. die Kapitel 4 *Designethik*, 5 *Werkstoffe* und 6 *Fertigungsverfahren*).

Bedürfnisse – Maslowsche Pyramide

© Springer-Verlag GmbH Deutschland, ein Teil von Springer Nature 2019
P. Bühler et al., *Produktdesign*, Bibliothek der Mediengestaltung,
https://doi.org/10.1007/978-3-662-55511-8_3

3.1.4 Vertrieb

Produktdesigner können über die Gestaltung ihrer Produkte auch in die Vertriebskette der Produkte eingreifen. So können Produkte z. B. besonders kompakt oder leicht hergestellt werden oder Werkstoffe und Produktionsstätten so gewählt werden, dass Transportwege kurz sind.

Logistik

Die Planung, Steuerung, Optimierung und Durchführung von Warenströmen, also das Transportieren, Lagern, Sortieren, Verpacken und Verteilen von Produkten, wird Logistik genannt.

Der Designer sollte sich mit seinem Auftraggeber bereits bei der Konzeption mit der Logistik beschäftigen. Dabei sind Fragestellungen zu klären wie:
- Lagerhaltung
  Wie hoch ist der Platzbedarf?
  Wie hoch sind die Lagerkosten?
- Transport
  Wie weit sind die Transportwege?
  Wie schnell kann die Ware verteilt werden?

Verkauf

- Wo und wie kauft die Zielgruppe ein (Fachgeschäft, Einzelhandel, Kaufhaus, Internethandel)?
- Braucht das Produkt ein Verkaufsgespräch/Beratung?

Fragestellungen wie diese helfen dem Designer bei der Gestaltung des Produkts (Selbsterklärung), der Beipackzettel, der Bedienungsanleitung und der Verpackung.

Beispiel Logistik bei Ikea:
Ikea hat die Logistik weitgehend optimiert. Die Produkte werden häufig un- oder teilmontiert verpackt. Dadurch sind die Einzelteile kompakt verpackt.

Teilweise werden für ein Produkt mehrere Verpackungen eingesetzt, z. B. lang, schmal und dünn für Regalseiten sowie mittellang, breit und dick(er) für die Regalbretter oder Schubladen.

Die Vorteile für Ikea und Kunden sind die kompakten Transportmaße und für Ikea die hohe Packdichte in ihren Lagern. Ferner haben die Designer von Ikea darauf geachtet, dass die Packmaße selbst bei großen Möbeln so sind, dass diese bereits mit Mittelklasse-Pkws transportiert werden können. Nachteil dieses Verfahren ist, dass dadurch viel Verpackungsmüll (Kartonagen und Kunststofffolien) anfallen.

3.1.5 Nutzung

Jedes Produkt hat mindestens eine Funktion. Durch die Nutzung (Handhabung oder Bedienung) des Produkts bzw. dessen Funktion erhalten wir eine Dienstleistung. Das Produkt erfüllt einen Zweck.

Die Nutzung eines Produkts ist ein wesentliches Merkmal eines Produkts.

Funktion – Dienstleistung – Zweck

- Welche Funktion(en) hat das Produkt?
- Welche Dienstleistung bietet das Produkt dem Nutzer?
- Welchen Zweck erfüllt das Produkt? Macht es eine Arbeit erst möglich – bietet also die Dienstleistung an sich?
- Bringt es eine Arbeitserleichterung?
- Bringt es Zeitersparnis?

Ikea – Lagerflächen

Selbstbedienung und weltweit ähnlich aufgebaute Läden – die Logistik wird schon beim Entwurf mitberücksichtigt. Produkte sind in Einzelteile zerlegbar, dadurch ist eine bessere Lagerung möglich und durch die modulare Gestaltung sind Teile verschieden kombinierbar.

Mobiltelefon MP-02, Jasper Morrison für Punkt.

Durch Reduktion auf die Telefoniefunktion übersichtliche Bedienung, ergonomisch durch Formgebung und Oberfläche

Wasserkessel „Hot Bertaa", Philipp Starck für Alessi, 1989

Die Produktsprache lässt eher eine Skulptur als einen Wasserkessel vermuten. Im Kontext Wasserkessel wird relativ schnell klar, dass das längere, dickere Kegelstumpfende als Griff fungiert, das kürzere als Ausguss. Der trichterförmige Griff dient auch zum Befüllen mit Wasser.

Handhabung – Bedienung – Ergonomie

Handhabung, Bedienung und die Abstimmung der Produkte auf den Menschen sind in der Produktgestaltung besonders wichtig. Deshalb sind diese Inhalte auf der Folgeseite ausführlich dargestellt.

Produktsprache

Die Erkennbarkeit von Produkten, ihrem Zweck und ihrer Funktion sowie deren Handhabung und Bedienung ist in der Produktgestaltung so wichtig, dass diese auf der nächsten Doppelseite umfänglich erläutert sind.

3.1.6 Rückführung und Entsorgung

Auf die Frage, was mit Produkten am Ende der Nutzungsphase passiert, sollten verantwortungsvolle Produktdesigner eine Antwort haben. Bereits bei der Konzeption und der Gestaltung sollte an die Zeit nach der Nutzung gedacht werden. Optimal ist natürlich, das Ende der Nutzungsphase möglichst weit hinauszuschieben, z.B. durch die Gestaltung zeitloser, attraktiver Produkte oder reparaturfähiger Produkte durch leichte Zerlegbarkeit und modularen Aufbau.

Ferner sollte bei der Konzeption und der Gestaltung bereits auf die Ökologie, Nachhaltigkeit und Ressourcenschonung (z.B. durch Recycling der Werkstoffe) geachtet werden (vgl. die Kapitel 4 *Designethik*, 5 *Werkstoffe* und 6 *Fertigungsverfahren*).

3.1.7 Ökonomie

Kosten, sowie Verkaufs- und Einkaufspreis spielen bei der Entscheidung für oder gegen ein Produkt eine große Rolle. Sie können von den Designern aber nur in Grenzen beeinflusst werden.

Kosten

Von der Produktherstellung über den Vertrieb und die Nutzung bis zur Entsorgung entstehen Kosten: Herstellungskosten (Werkstoffkosten plus Fertigungskosten), Personalkosten, Distributions-, Lagerungs- und Transportkosten, Energiekosten, Wartungs- und Reparaturkosten, sowie Entsorgungskosten. Diese müssen vom Hersteller und letztendlich immer vom Nutzer aufgebracht werden. Diese unterschiedlichsten Kosten sind für den Laien schwer erkennbar, werden aber bei jedem Produkt (mit-) bezahlt.

Durch die Wahl von Werkstoffen, Fertigungsverfahren und Fertigungsort oder guter Reparierbarkeit kann der Designer die Kosten beeinflussen.

Preis

Designer können den Preis nur indirekt über optimierte Kosten bei der Werkstoffwahl, der Fertigung und dem Vertrieb beeinflussen. Ob der Hersteller z.B. geringere Fertigungskosten zur Preissenkung oder zur Gewinnoptimierung nutzt, liegt außerhalb des Einflusses der Designer.

Zur Gestaltung müssen die Designer den angestrebten späteren Verkaufspreis kennen, da dieser natürlich die Wahl der Werkstoffe, den Verarbeitungsaufwand und damit die Wertigkeit der Erscheinung des Produkts beeinflusst.

Den Nutzer oder Käufer eines Produkts interessiert in der Regel neben dem Preis das Preis-Leistungs-Verhältnis des Produkts, d.h. das Verhältnis vom Kaufpreis plus den Folgekosten (Wartung, Verbrauchsmaterial) zum Nutzen.

3.2 Handhabung – Bedienung – Ergonomie

Für die Nutzung von Produkten sind Handhabung, Bedienung und Ergonomie wichtig und werden daher bei der Konzeption und Gestaltung beachtet.

3.2.1 Handhabung

Ein Produkt wird bei der Handhabung nicht verändert, sondern wird als Ganzes bewegt, also Lage und Orientierung im Raum werden verändert, z. B. Einschlagen eines Nagels mit einem Hammer.

3.2.2 Bedienung

Voraussetzung zur Bedienung eines Produkts ist eine Nutzerschnittstelle, also die Stelle oder Handlung, mit der ein Mensch mit einer Maschine in Kontakt tritt, z. B. Bedienung eines TV-Gerätes mit seinen Bedienelementen oder mittels einer Fernbedienung.

3.2.3 Ergonomie

Ergonomie ist die Wissenschaft von der menschlichen Arbeit. Die Wortteile stammen aus dem Griechischen „ergon" (Arbeit) und „nomos" (Gesetz, Regel). Ergonomie bedeutet die

Anpassung der Arbeitsbedingungen an den Menschen und seinen Bewegungsapparat (Skelett, Gelenke, Muskeln und Sehnen) und nicht umgekehrt. Ziel ist eine möglichst geringe gesundheitliche Belastung.

Zur Ergonomie gibt es die Norm DIN EN ISO 6385. Sie ist ein grundlegendes arbeitswissenschaftliches Rahmenwerk zur Gestaltung von Arbeitsplätzen und ganzen Arbeitssystemen. Gemeint sind nicht nur Arbeitssysteme in der Produktion, sondern auch im Büro, im Transportwesen, im Handel, im Gesundheitswesen und anderen Bereichen.

Doch nicht nur bei Arbeitsplätzen, sondern überall im Alltag spielt Ergonomie eine wichtige Rolle. Was würden Sie von Türschlössern halten, die ganz oben oder ganz unten an Türen montiert wurden und nicht gut erreichbar auf Hüfthöhe?

Arbeitsplatz

Die Stühle und die Tische lassen unterschiedliche Arbeitssituationen und unterschiedliche Körperhaltungen zu und vermeiden so einseitige Belastungen.

Ergonomiestudie – Sitzen in der Schule

Der von Verner Panton für VS-Möbel entworfene Stuhl bietet mehrere Sitzmöglichkeiten:
- An der Lehne sitzend, stabilisiert diese den Rücken.
- Vorne auf dem Stuhl sitzend, wird ein Teil der Sitzstabilität durch Rücken und Beine aufgebracht. Der Rücken wird gestärkt.
- Die Taille der Lehne ermöglicht es, verkehrt herum auf dem Stuhl zu sitzen. Die Arme stützen sich auf die Lehne.

Unterschiedliche Sitzpositionen ermöglichen langes und ermüdungsfreies Sitzen.

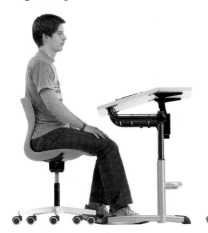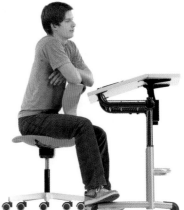

3.3 Produktsprache

Bedienelemente
Wippen, Kippen,
Schieben, Ziehen,
Drehen, Drücken

Woran erkennen wir, dass ein Produkt
mit Tasten und Display eine Fernbedienung ist und kein Funktelefon? Was
sagen uns Produkte über sich, ihren
Zweck, ihre Funktionen, die Handhabung und Bedienung?

Beispiel Türen:
Türen gehen in der Regel in eine
Richtung auf. Wenn Sie vor einer
fremden Türe stehen, haben Sie eine
50:50-Chance, dass Sie die Türe im
ersten Versuch öffnen und nicht gegen
die Türe rennen. Aber ehrlich gesagt
– wann sind Sie das letzte Mal gegen
eine Türe gerannt? Unser Gehirn hilft
uns, ohne anstrengendes bewusstes
Nachdenken, ganz gut mit Türen zurecht
zu kommen. Es sind folgende Erfah-
rungen:
- Im öffentlichen Bereich öffnen sich
  Türen nach außen (Fluchtweg).
- In privaten Häusern öffnen sich Haus-
  türen in der Regel nach innen, damit
  die Türe von außen nicht blockiert
  werden kann (durch Schnee oder
  mutwillig verbarrikadiert).
- Ferner nehmen wir völlig unbewusst
  Details wie Türscharniere und Tür-
  schwellen wahr, die uns helfen zu
  interpretieren, in welcher Richtung
  sich eine Türe öffnet.

Syntaktik
Die Syntaktik beschreibt den formalen
Aufbau eines Produktes, also die Gestaltungsmittel Form, Farbe, Werkstoff,
Oberflächen und die Produktgrafik, aber
auch deren Kombination und Zusammenwirken.

Semantik
Die Semantik erläutert die Bedeutung
der formalen Elemente und deren
Aufbau, also die transportierten Inhalte.
Diese zeigen einerseits die Funktion,

Eigenschaften wie z. B. Stabilität sowie
die Handhabung und die Bedienung
des Produkts an (Anzeichenfunktion).
Andererseits sagen sie auch etwas
über den Besitzer oder Nutzer aus
(symbolische Funktion), z. B. durch die
Wertigkeit der Verarbeitung bzw. des
Werkstoffs oder durch die Marke.

Pragmatik
Durch den formalen Aufbau eines Produkts werden Inhalte und Bedeutungen
transportiert. Diese zeigen dem Betrach-
ter Zweck und Funktion und im Idealfall
auch die Handhabung und Bedienung
an. Letztere führen dann zur Nutzung
des Produkts. Das Produkt wird für den
Nutzer nun direkt körperlich erfahrbar
durch z. B. Gewicht, Feedback, Vibrati-
onen ...

3.3.1 Bedienelemente

Woran erkennen wir, ob ein Bedien-
element gedreht oder gedrückt werden
muss? Folgende Bedienarten werden
unterschieden:
- Wippen
- Kippen
- Schieben
- Ziehen
- Drehen
- Drücken

Bei gut gestalteten Bedienelementen
lässt sich die Art der Bedienung ablesen
(Anzeichenfunktion). Manche Bedienelemente bieten sogar mehrere dieser
Bedienarten.

Beispiel Autoradio:
Bei vielen Autoradios wird das Radio
durch Drücken eines Knopfes ein-/
ausgeschaltet. Durch Drehen dieses
Knopfes wird die Lautstärke geregelt
und bei manchen Geräten kann durch

Herausziehen und dann Verdrehen z. B. noch der Klang eingestellt werden. Diese Mehrfachfunktionen sind häufig nicht eindeutig erkennbar und müssen daher erlernt werden.

3.3.2 Benutzerführung

Neben der Ergonomie ist die Benutzerführung ein wichtiges Argument zur Platzierung von Bedienelementen von Produkten.

Wo erwarten Sie den Einschalter einer Hi-Fi-Anlage? Wo würden Sie anfangen zu suchen? Da wir in Europa in der Regel gewohnt sind, von oben links nach unten rechts zu lesen, beginnen auch die meisten Menschen oben links nach dem Einschalter zu suchen. Sie werden bei den meisten Hi-Fi-Anlagen dort auch fündig.

Der Ausschalter müsste nach dieser Logik dann unten rechts sein – aber in der Tat handelt es sich oben links meistens um einen Ein-/Ausschalter.

Interessanterweise sind die Ein-/Ausschalter von TV-Geräten und Monitoren unten rechts. Dies ist aber durchaus berechtigt, da bei vielen Geräten der Ein-/Ausschalter in der Nähe der Stromzufuhr zum Gerät platziert ist. Das ist bei TV-Geräten und Monitoren häufig hinten unten.

Bei vielen Geräten erfolgt die Bedienung teilweise über Displays. Hier wird die Benutzerführung durch die fehlende Anzeichenfunktion von Bedienelementen noch viel wichtiger.

3.3.3 Selbsterklärung

Gute Produktsprache und Benutzerführung können die Bedienung von Produkten selbst erklären. Durch die Hervorhebung und Gestaltung (Griffmulden, Gummierung, Farbakzente)

können Griffsituationen geklärt werden. So ist bei einem eindeutig gestalteten Haarföhn oder Akkuschrauber klar, wie dieser gehalten wird. Automatisch werden dann die Finger auch an oder bei entsprechenden Bedienelementen, wie z. B. Ein-/Ausschalter oder Regelung (von Drehzahl oder Temperatur) an der richtigen Stelle liegen.

3.3.4 Barrierefreiheit

Barrierefreiheit zielt auf ein „Design für Alle" bzw. ein „universelles Design", d. h., das Design ist so ausgelegt, dass keine Person durch die Gestaltung ausgeschlossen wird. Die Gestaltung berücksichtigt die Bedürfnisse aller Menschen.

Dieses Verständnis von Barrierefreiheit unterscheidet nicht zwischen einzelnen Personengruppen – z. B. Gruppen mit und ohne bzw. Art der Behinderung.

3.3.5 User Experience – Nutzererlebnis

User Experience ist das Nutzererlebnis bei der Handhabung oder Bedienung von Produkten. Zum ganzheitlichen Nutzererlebnis gehören nicht nur Zweckerfüllung und Funktion sowie eine gute selbsterklärende Benutzerführung, sondern auch haptische Erlebnisse beim Berühren durch entsprechende Werkstoffe und Oberflächen. Auch Gerüche, Farbkonzepte oder die Bestätigung bzw. das Gefühl, das richtige (Marken-) Produkt gekauft zu haben, gehören dazu, z. B. Imagegewinn durch den Besitz des Produkts.

Hocker „Sella", Achille und Pier Giacomo Castiglioni, 1957

Seit 1983 von Zanotta produziert; Alltagsgegenstände, wie der Fahrradsattel als Sitzfläche, werden originell verwendet.

Hocker „Mezzadro", Achille und Pier Giacomo Castiglioni, 1957

Seit 1970 von Zanotta produziert; einfacher Traktorsitz, mit Flügelschraube auf gebogenem Flachstahl fixiert und ein Fuß aus Buchenholz, jedes Teil hat eine tragende Funktion – nichts ist überflüssig.

21

3.4 Zielgruppen

Um zielgerichtet und lösungsorientiert zu arbeiten, müssen bei der Konzeption und Gestaltung von Produkten die Zielgruppe(n) berücksichtigt werden. Bereits im Pflichtenheft (Briefing), spätestens im Lastenheft (Rebriefing) muss die Zielgruppe definiert sein.

Bei der Produktanalyse von vorhandenen Produkten oder auch bei Entscheidungen im Entwurfsprozess muss die angesprochene Zielgruppe berücksichtigt werden.

Die konkrete Arbeit mit Zielgruppen und deren Anforderungen an Produkte ist ein relativ junger Bereich in der Produktgestaltung. Abgesehen von Faktoren wie Körpergröße u. Ä. haben in früheren Zeiten Produktgestalter Zielgruppen eher emotional, intuitiv als systematisch erfasst. Im Nachkriegsdeutschland, in der Zeit des Wiederaufbaus und des Wirtschaftswunders, gab es eine große Nachfrage nach Produkten. Die Designer hatten viele Freiheiten. Solange ein Produkt gut gestaltet war und das Preis-Leistungs-Verhältnis stimmte, fand das Produkt Abnehmer. Mit steigendem Angebot, ja sogar Überangebot an gleichwertigen Produkten wurde es für Hersteller und

Visualisierung von Zielgruppen

Vertrieb immer wichtiger, die Käufer der Produkte und deren Wünsche sowie deren Bedürfnisse genauer zu kennen, um damit den wirtschaftlichen Erfolg oder gar das Bestehen des Unternehmens zu sichern. Auch für das Marketing war es wichtig, mögliche Käuferschichten präzise anzusprechen.

Das Verständnis von Zielgruppen ermöglicht es, Schwachstellen im Produktdesign aufzudecken und zu vermeiden, um die Produkte besser an Kundenwünsche anzupassen.

Die Definition von Zielgruppen dient nicht dazu einzelne Menschen, sondern größere Nutzer- oder Käufergruppen zu beschreiben.

3.4.1 Klassische Zielgruppendefinition

Die klassische Zielgruppendefinition erfolgt mit soziodemografischen und psychografischen Merkmalen. Anhand dieser Merkmale wird die Zielgruppe möglichst genau beschrieben.

Die Beschreibung der soziodemografischen Merkmale ist in der Regel relativ einfach und eindeutig. Die psychografischen Merkmale betreffen die Ein-

Klassische Zielgruppendefinition und Merkmale	
Soziodemografische Merkmale	Psychografische Merkmale
• biologische Merkmale: Geschlecht, Alter, Körpergröße, Anatomie, Gesundheitszustand u. a. • finanzielle Merkmale: Einkommen, Haushaltsnettoeinkommen, Besitz, Vermögen u. a. • soziologische Merkmale: Familienstand, Art und Größe der Familie, Stellung in der Familie, Haushaltsgröße, eigene Kinder im Haushalt, Nachbarschaftsverhältnis, Schul- und Berufsbildung, Berufstätigkeit (Voll-/Teilzeit), Berufsart (selbstständig, angestellt), Vereine u. a. • geografische Merkmale: Kontinent, Land, Regionen, Kommunen, Landschaft, Klima u. a. • kulturelle Merkmale: Freizeitverhalten, Bildungsstand, Interessenlage, Informationsquellen, Kulturangebote, Urlaubsziele, Urlaubsgestaltung u. a.	• politische Orientierung: aktiv, passiv, uninteressiert, Wahlverhalten, Parteiorientierung, Welt-, Landes-, Kommunalpolitik, Wirtschaftssystem u. a. • Konsumverhalten • Bewusstsein und Werte: Lebenseinstellung , Umweltbewusstsein, Gesundheitsbewusstsein, Statusbewusstsein u. a. • Mentalität • persönliche Vorlieben • Offenheit: Einstellung gegenüber neuen Techniken/Medien, Kontaktfreude u. a. • soziales Engagement • ästhetisches Empfinden

stellungen und Werte einer Zielgruppe. Daher sind sie schwerer zu beschreiben. Vor allem im Bereich emotionale Bindung an ein Produkt sind diese oft hilfreicher, da Menschen trotz soziodemografischer Gemeinsamkeiten völlig andere Wertvorstellungen und Vorlieben haben können.

Nur die ganzheitliche Betrachtung führt zu Beschreibungen von Zielgruppen, die sinnvoll genutzt werden können.

3.4.2 Zielgruppendefinition mit Personas

Repräsentativ für eine Kunden- oder Nutzergruppe wird ein fiktiver Nutzer beschrieben – die Persona. Die Zielgruppe wird zum besseren Verständnis vermenschlicht. Wünsche und Bedürfnisse werden so besser verstanden.

Die Beschreibung der Persona erfolgt als ausführlicher Fließtext und nicht in Stichpunkten. Allerdings sollen nur zielbezogene Inhalte wiedergegeben werden. Häufig wird der Person ein Name gegeben und die Person mit einem Foto abgebildet, um das beschriebene Bild im wahrsten Sinne des Wortes abzurunden.

Mit Hilfe von Personas ist es möglich, Kunden- oder Nutzergruppen besser zu verstehen.

Um eine Kunden- oder Nutzergruppe umfassend zu beschreiben, sind zwischen drei und sieben Personas notwendig. Doppelungen oder ähnliche Personas sind nicht zielführend und daher verzichtbar.

Erstellung von Personas – Making of ...

Legen Sie ein Produkt und dessen Kunden- oder Nutzergruppen fest.

1 Definieren Sie für eine Kunden- oder Nutzergruppe eine Person mit repräsentativem Alter und Geschlecht.

2 Geben Sie dieser Person einen Namen und suchen Sie nach einem geeigneten Bild.

3 Beschreiben Sie bezogen auf das Produkt, welche Ziele, Wünsche und Bedürfnisse die Person hat.

4 Nennen Sie mögliche Probleme der Person.

5 Erläutern Sie den Nutzen des Produkts für die Person.

6 Beschreiben Sie das Umfeld und den Alltag der Person.

7 Wiederholen Sie die Punkte 1 bis 6 für drei weitere Personas.

3.4.3 Sinus-Milieus

Das Sozialforschungsunternehmen Sinus-Institut entwickelte eine Zielgruppendarstellung auf Basis von sozialen Milieus. Grundlage hierfür sind einerseits die soziale Lage und andererseits die Grundorientierung der Zielgruppe.

Soziale Lage
Je höher das Milieu in der Grafik angesiedelt ist, desto besser ist die soziale Lage, also gehobene Bildung, Einkommen und Berufsgruppe (nächste Seite).

Grundorientierung
Anhand der Grundorientierung sind die Milieus von links nach rechts von traditionellem über modernem zum neuorientierendem Bewusstsein und Handeln angeordnet.

Visualisierung von Personas

23

Die Sinus-Milieus® in Deutschland nach sozialer Lage und Grundorientierung

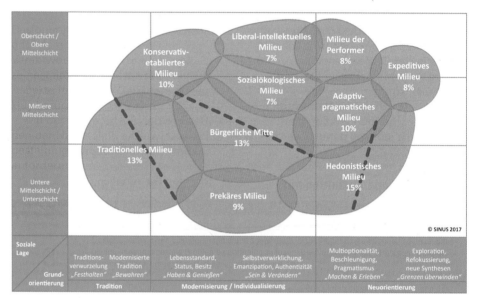

Quelle: Bertram Barth et al.:Praxis der Sinus-Milieus® – Gegenwart und Zukunft eines modernen Gesellschafts- und Zielgruppenmodells, Springer VS 2018, © Sinus

Erläuterung zu den Sinus-Milieus	
Konservativ-Etablierte	Verantwortungs- und Erfolgsethik, Exklusivitäts- und Führungsansprüche, Standesbewusstsein
Liberal-Intellektuelle	Kritische Weltsicht, liberale Grundhaltung; Wunsch nach Selbstbestimmung und Selbstentfaltung
Performer	Multi-optionale Leistungselite; Selbstbild als Konsum- und Stil-Avantgarde; hohe Technik- und IT-Affinität
Expeditive	Trendsetter – mental, kulturell und geografisch mobil; vernetzt; nonkonformistisch, sucht neue Lösungen
Bürgerliche Mitte	Leistungs- und anpassungsbereiter Mainstream, wünscht gesellschaftliche Ordnung und gesicherte Verhältnisse
Adaptiv-Pragmatische	Junge moderne Mitte, leistungs- und anpassungsbereit, wünscht Spaß/Unterhaltung; zielstrebig, flexibel, weltoffen
Sozialökologische	Engagiert, gesellschaftskritisch, ausgeprägtes ökologisches und soziales Gewissen, Political Correctness
Traditionelle	Die Sicherheit und Ordnung liebende ältere Generation, kleinbürgerlich, traditionelle Arbeiterkultur; Sparsamkeit
Prekäre	Wunsch nach Anschluss an die Konsumstandards der breiten Mitte, aber soziale Benachteiligungen, Verbitterung
Hedonisten	Spaß- und erlebnis-, freizeitorientiert, modern, unbekümmert, spontan; Ausbrechen aus Zwängen des Alltags

3.4.4 Interkulturelle Kompetenz und globale Zielgruppen

Viele Unternehmen setzen ihre Produkte weltweit und in multikulturellen Gesellschaften ab. Dabei ist es für die Unternehmen nicht leicht, ihre Corporate Identity und ihre Produkte auf unterschiedliche Kulturen und verschiedene Zielgruppen abzustimmen. Aufbauend auf interkulturelle Kompetenzen teilt Richard D. Lewis die Weltbevölkerung in drei Basiskulturen ein:

- *linear-aktiv* – aufgabenorientierte, hochspezialisierte Planer
- *multi-aktiv* – menschenorientierte, gesprächige Beziehungsakrobaten
- *reaktiv* – introvertierte, respektsorientierte Zuhörer

Wie bei allen Modellen zur Bestimmung von Zielgruppen beschreibt auch das Modell von Lewis Grundtendenzen von größeren Gruppen. Ein einzelner Mensch kann äußerst selten exakt den Linear-Aktiven, den Multi-Aktiven oder den Reaktiven zugeordnet werden. Vielmehr werden, wie bei den anderen Methoden zur Bestimmung von Zielgruppen, sowohl Tendenzen als auch Häufungen festgestellt, um größere Nutzer- oder Käufergruppen zu beschreiben.

Interkulturelle Kompetenz und globale Zielgruppen		
linear-aktiv	multi-aktiv	reaktiv
• introvertiert	• extrovertiert	• introvertiert
• geduldig	• ungeduldig	• geduldig
• ruhig	• gesprächig	• schweigsam
• kümmert sich um eigene Angelegenheiten	• neugierig	• respektvoll
• mag Zurückgezogenheit	• gesellig	• aufmerksamer Zuhörer
• plant methodisch voraus	• plant nur in groben Zügen	• achtet auf allgemeine Grundsätze
• erledigt eine Sache zur Zeit	• tut mehrere Dinge gleichzeitig	• reagiert
• hat festgesetzte Arbeitszeiten	• ist immer im Einsatz	• flexible Arbeitszeiten
• pünktlich	• unpünktlich	• pünktlich
• zerlegt Projekte in Einzelteile	• hat unvorhersagbaren Zeitplan	• berücksichtigt Zeitplan des Partners
• hält sich an Pläne	• verbindet verschiedene Projekte	• sieht das Gesamtbild
• hält sich an Fakten	• ändert Pläne	• nimmt kleinere Veränderungen vor
• bezieht Informationen aus Statistiken, Nachschlagewerken und Datenbanken	• jongliert mit Fakten	• Äußerungen sind Versprechen
• aufgabenorientiert	• besorgt sich Informationen aus erster Hand	• menschenorientiert
• sachlich	• menschenorientiert	• fürsorgliches Interesse
• arbeitet innerhalb der Abteilung	• emotional	• arbeitet mit allen Abteilungen
• hält sich an die korrekte Vorgehensweise	• umgeht alle Abteilungen	• unergründlich, ruhig
• akzeptiert Gefälligkeiten nur widerstrebend	• zieht Fäden	• schützt andere vor Gesichtsverlust
• delegiert an kompetente Kollegen	• sucht aktiv nach Gefälligkeiten	• delegiert an zuverlässige Personen
• vervollständigt Handlungsketten	• delegiert an Verwandte und Freunde	• reagiert auf Partner
• mag festgesetzte Agenden	• führt menschliche Interaktionen zu Ende	• nachdenklich
• hält sich am Telefon kurz	• verbindet alles mit jedem	• fasst gut zusammen
• nutzt Memoranden	• redet stundenlang	• plant langsam
• respektiert Bürokratie	• schreibt selten Memos	• ultra-ehrlich
• verliert ungern das Gesicht	• wendet sich an Entscheidungsträger	• darf Gesicht nicht verlieren
• argumentiert logisch	• ist nie um eine Ausrede verlegen	• vermeidet Kontroversen
• eingeschränkte Körpersprache	• argumentiert emotional	• subtile Körpersprache
• unterbricht Gesprächspartner selten	• reiche Körpersprache	• unterbricht andere nicht
• trennt zwischen Sozialem und Beruflichem	• unterbricht häufig	• verbindet Soziales und Berufliches
	• verknüpft Soziales und Berufliches	

Quelle: Lewis, Richard D.: Handbuch Internationale Kompetenz, Frankfurt/M: Campus 2000, S. 49 ff.

3.5 Produktanalyse

In der Konzeptionsphase werden dem Projekt entsprechende, bereits am Markt erhältliche Produkte recherchiert und analysiert. Immer wenn im laufenden Gestaltungsprozess Entscheidungen getroffen werden müssen, werden im Grunde auch die entworfenen Produkte analysiert, um zielführende Entscheidungen zu fällen. Die Produktanalysen und das daraus resultierende Verständnis für Produkte ermöglichen bereits vor oder während des Entwurfsprozesses, Schwachstellen aufzudecken und zu vermeiden, um Produkte besser an die Kundenwünsche anzupassen.

Differenzierung – Produktanalyse und Marktanalyse	
Produktanalyse	**Marktanalyse**
• Bereich Produktdesign	• Bereich Betriebswirtschaftslehre
• Ein oder mehrere Produkte oder Produktentwürfe werden nach auftrags-, produkt- und zielgruppenspezifischen Anforderungen systematisch untersucht (vgl. Kapitel 3.1 *Anforderungen an Produkte*).	• Der Markt für ein bestimmtes Produkt oder eine Produktgruppe wird analysiert in Bezug auf Angebot, Nachfrage, Marktlücken, Marktsättigung, Zielgruppe(n), Konkurrenz(situation), Marktanteile und Marktaufteilung.
• Wird vom Produktdesigner gemacht	• Wird in der Regel in der Verwaltung des Auftraggebers oder von externen Unternehmensberatungen erstellt

3.5.1 Übersicht der am Markt erhältlichen Produkte

In der Konzeptionsphase eines Projektes werden bereits am Markt erhältliche Produkte – seien es die des Auftraggebers oder auch die Konkurrenzprodukte – analysiert.

Dazu sollten die Produkte möglichst im Original vorliegen, da an Abbildungen z. B. die Ergonomie nicht analysiert werden kann. Ferner werden wichtige Daten wie Hersteller, Produktname, Preis, Werkstoffe sowie technische Daten, z. B. Gewicht, Größe, elektrische Leistung, erfasst.

3.5.2 Syntaktische Analyse

Die syntaktische Analyse von Produkten ist der erste Schritt. Es wird der formale Aufbau der Produkte analysiert. Die Gestaltungsmittel Form, Farbe, Werkstoff, Oberflächen sowie Größe werden beschrieben. Die Kombination und Positionierung zueinander und deren Beziehungen und Proportionen werden erläutert. Auch die Produktgrafik, also alle auf dem Produkt aufgebrachten oder in Displays sichtbaren grafischen Elemente wie Zeichen, Texte, Logos, Piktogramme und grafische Verzierungen werden rein formal beschrieben.

3.5.3 Semantische Analyse

In der semantischen Analyse wird erläutert, welche Wirkung, Bedeutung und welche Inhalte mit den Gestaltungsmitteln und deren Zusammenwirken transportiert werden. Es wird die Frage beantwortet, was uns das Produkt anzeigt und damit sagen will.

3.5.4 Pragmatische Analyse

Die pragmatische Analyse zielt auf die Wirkung des Produkts, das daraus resultierende Verständnis und die damit hervorgerufenen Reaktionen. Sie bezieht sich auf die Nutzung des Produkts. Wichtig ist, nicht aus eigener Sichtweise, sondern aus Sicht der Zielgruppe zu analysieren. Die Ergebnisse sind anhand der Zielgruppe zu begründen.

3.5.5 Funktionsanalyse

Die Funktionsanalyse steht nicht direkt in der Abfolge mit der syntaktischen, semantischen und pragmatischen Analyse. Sie kann unabhängig oder in Kombination mit diesen erfolgen.

Bei der Funktionsanalyse werden die Funktionen und Funktionsgruppen untersucht. Die eigentlichen Funktionen hängen eng mit dem Zweck, dem Nutzen und damit der Dienstleistung des Produkts zusammen. Mit der Nutzung des Produkts ergeben sich weitere zu analysierende Bereiche, wie Ergonomie oder Benutzerführung.

Die reine Funktionsanalyse ist ähnlich wie die syntaktische Analyse völlig unabhängig von den Zielgruppen. Sobald aber die Nutzung an sich betrachtet wird, spielt der Nutzer und damit die Zielgruppe eine wichtige Rolle.

3.5.6 Durchführung und Fazit

Projektauftragsspezifisch werden wichtige Anforderungen der Zielgruppe und des Auftraggebers definiert (vgl. Kapitel 3.1 *Anforderungen* an Produkte). Anschließend wird eine möglichst umfassene Übersicht der am Markt erhältlichen Produkte erstellt.

Die eigentliche Analyse erfolgt entweder als Fließtext oder in Tabellenform. Tabellen haben den Vorteil der übersichtlichen Darstellung und dass dadurch nichts vergessen wird. Nachteilig ist der geringe Platz in den Zellen, um die Einordnung zu begründen. Wertende Analysen, bei denen die Einzelwertungen, z. B. als Schulnoten, fixiert und dann der Durchschnitt berechnet wird, sind einfacher in Tabellen zu erstellen. Bei wertenden Analysen können wichtige Anforderungen stärker gewichtet werden als unwichtigere, um aussagekräftigere Ergebnisse zu bekommen.

Das Analyseergebnis wird abschließend in einem Fazit erläutert und stellt somit für die Weiterarbeit den wichtigsten Teil einer Produktanalyse dar.

3.5.7 Relevanz in Unternehmen

In Designagenturen und Unternehmen werden Produktanalysen vor und während der Produktentwicklung gemacht. So werden Konkurrenzprodukte analysiert, Ideen und Entwürfe der Designer bewertet oder die eigenen Produkte untersucht, um deren Stärken und Schwächen zu kennen, um z. B. Marketingaktionen zu planen und durchzuführen.

Die vielen Anforderungen an Produkte werden dabei häufig produkt- oder unternehmensspezifisch zu wenigen Hauptpunkten zusammengezogen.

Beispiel Alessi:
Dott. Matteo Alessi stellte in seinem Vortrag „Alessi im Wandel der Zeit", Hochschule für Technik Stuttgart, 20.10.2016, folgende Alessi-Formel zur Analyse von Produkten vor:

Funktion
- erfüllt Zweck
- erleichtert Arbeit
- praktisch, funktional und einfach zu nutzen
- schafft Unabhängigkeit von anderen

Anmutung
- regt die Sinne an
- hat hohen Erinnerungswert
- schafft emotionale Bindung
- ist besonders und persönlich

Kommunikation und Produktsprache
- ist repräsentativ
- hat für Besitzer hohen symolischen Wert/Status

Preis
- verglichen mit anderen vergleichbaren Produkten
- Preis-Leistungs-Verhältnis

**Teekanne „Colorado",
Marco Zanini für
Memphis**

Die Farben und die geometrischen Formen sind in der syntaktischen Analyse gut zu beschreiben, die Griffsituation ist eindeutig zu erkennen, die eigentliche Funktion als Teekanne muss erlernt werden.

**Korkenzieher
„Socrates", Jasper
Morrison für Alessi**

Das Funktionsprinzip und die zugrunde liegende Hebelwirkung sind gut zu erkennen.

Zitronenpresse „Juicy Salif", Philippe Starck für Alessi

Anwendungsbeispiel Zitronenpresse „Juicy Salif", Philippe Starck für Alessi:

Funktion
Weder wird die Arbeit erleichtert noch ist die Nutzung praktisch und einfach:
- Die Zitronenpresse lässt sich beim Zitronenauspressen nicht besonders gut festhalten.
- Es wird ein zusätzliches Gefäß zum Auffangen des Saftes benötigt.
- Die Zitronenpresse kann nicht in der Spülmaschine gespült werden.

Anmutung
Die außergewöhnliche und witzige Gestaltung
- regt die Sinne an,
- hat hohen Erinnerungswert.

Kommunikation und Produktsprache
- ist repräsentativ
- hat für Besitzer hohen symolischen Wert, da wertiges Markenprodukt

Preis
- Verglichen mit anderen Zitronenpressen ist sie sehr teuer.
- Preis-Leistungs-Verhältnis ist schlecht durch Mängel bei der Funktion.

Fazit
Die Zitronenpresse „Juicy Salif" schneidet durch die Mängel in Funktion und im Preis-Leistungs-Verhältnis nicht besonders gut ab. Warum gilt sie dann als Designklassiker und ist so bekannt?

Wo in den Haushalten steht denn die Zitronenpresse „Juicy Salif"
- im Küchenschrank oder
- in der Vitrine im Wohnbereich?

Bei vielen Besitzern wird die Zitronenpresse „Juicy Salif" nicht benutzt, sondern steht in den Regalen oder Vitrinen im Wohnbereich. Dort ist sie wie ein Kunstobjekt repräsentativ ausgestellt.

Wenn der Zweck der Zitronenpresse „Juicy Salif" die Repräsentation und nicht das Auspressen von Zitronen ist, ergibt sich aber ein völlig neues Bild:

Funktion
Die Funktion der Repräsentation wird voll erfüllt.

Anmutung
Außergewöhnliche, witzige Gestaltung
- regt die Sinne an,
- hat hohen Erinnerungswert.

Kommunikation und Produktsprache
- ist repräsentativ
- hat für Besitzer hohen symolischen Wert, da wertiges Markenprodukt

Preis
- Verglichen mit anderen hochwertigen Dekorationsartikeln oder Kunstobjekten ist die Zitronenpresse „Juicy Salif" preiswert.
- Das Preis-Leistungs-Verhältnis ist daher sehr gut.

Fazit
Je nach Betrachtungsweise wird das gleiche Produkt unterschiedlich bewertet. Bei einer Betrachtung der Benutzung (Funktionsdesign) schneidet die Zitronenpresse „Juicy Salif" nicht besonders gut ab. Bei einer Betrachtung von dekorativen, emotionalen Aspekten (dekoratives Design, Autorendesign) schneidet sie aber sehr gut ab.

Alien? Kunstwerk? Gebrauchsobjekt? Zitronenpresse?

Stephan Kirchner inszeniert in diesem Foto „Juicy Salif" und unterstreicht damit deren feinsinnige Gestaltung.

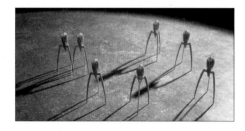

3.6 Aufgaben

1 Anforderungen an Produkte nennen

Nennen Sie sechs wichtige Kategorien von Anforderungen an Produkte.

2 Ergonomie erläutern

Erläutern Sie den Begriff Ergonomie und nennen Sie ein konkretes Beispiel.

3 Nutzererlebnis einordnen

In den letzten Jahren wurde das Nutzererlebnis immer wichtiger. Beschreiben Sie Gründe, die dazu führten.

4 Bedienarten skizzieren

Nennen Sie Schalter für die sechs Bedienarten.
Skizzieren Sie in den sechs nebenstehenden Rahmen jeweils eine Bedienart. Ihr Bedienelement soll dem Nutzer eindeutig signalisieren, wie es bedient wird.

5 Zielgruppe definieren

Definieren Sie stichpunktartig die Zielgruppe: Geschäftsfrauen in leitender Position, die beruflich viel reisen.

6 Anforderungen festlegen

Nennen und begründen Sie für Ihre in Aufgabe 5 definierte Zielgruppe die Anforderungen an einen Haarföhn.

29

4.1 Produktlebenszyklus und Ökologie

Ökologie und nachhaltiges Wirtschaften sind Schlüsselfaktoren für das Leben heutiger und zukünftiger Generationen. Sowohl Auftraggeber als auch Designer und Hersteller tragen diese Verantwortung bei der Konzeption, Gestaltung und Herstellung von Produkten. Diese Verantwortung geht weit über die Beachtung von Umweltschutz- und Sicherheitsvorschriften hinaus. Auch bezieht sie sich nicht nur auf die Wahl der Werkstoffe und der Fertigungsverfahren, sondern berücksichtigt das komplette Produktleben einschließlich der Rückführungs- und Entsorgungsphase sowie die jeweiligen Auswirkungen auf die Umwelt.

4.1.1 Ökologische Beurteilung

Ökobilanzen bzw. Lebenszyklusanalysen umfassen alle Auswirkungen des Produktlebens auf die Umwelt – von der Produktion (Gewinnung und Verarbeitung der Rohstoffe), der Distribution (Lagerung, Transport und Verkauf), der Nutzungsphase (Emissionen und notwendige Betriebsstoffe) bis zur Rückführungs- und Entsorgungsphase mit allen dazugehörenden Prozessen.

Zur ökologischen Beurteilung können sowohl Produkte als Ganzes als auch deren Werkstoffe oder deren Energieverbrauch analysiert werden.

Die Beurteilung kann in Teilbereichen erfolgen:

- Rohstoffgewinnung
- Werkstoffauswahl – Berücksichtigung von Verarbeitung und Fertigung, Vermeidung von Werkstoffmix
- Transport und Vertrieb
- Nutzung
  - Nutzungsdauer
  - Reparaturfähigkeit
  - geplante Obsoleszenz
  - Weiternutzung
- Rückführungs- und Entsorgungsphase
  - *stoffliche Verwertung*
    – Recycling, Upcycling, Downcycling
  - *energetische Verwertung*
    – Verbrennung, Vergasung
  - *Deponierung*

Ökologische Analysen und Beurteilungen von Produkten können je nach verwendetem Modell qualitativ oder quantitativ erfolgen. Jedes der Modelle beleuchtet bestimmte Schwerpunkte der Ökologie. Daraus ergeben sich, je nach Problemstellung, unterschiedliche Sichtweisen, Vor- und Nachteile.

Noch ist es schwierig, gute verlässliche Daten zur Beurteilung der ökologischen Belastungen zu bekommen. Da Ökobilanzierung immer mehr an wirtschaftlicher und gesellschaftlicher Bedeutung gewinnt und neben ökologischen auch ökonomische Vorteile bringen kann, gibt es immer mehr Unternehmen und Institute, die entsprechende Dienstleistungen anbieten. Inzwischen sind auch Computerprogramme erhältlich, die Ökobilanzen z. B. auf Basis der verwendeten Werkstoffe und deren Bearbeitung sowie des Energieverbrauchs bei der Nutzung hinterlegt haben. Zukünftig werden solche werkstoff- und fertigungsbezogenen Daten direkt an CAD-Systeme an- oder gar eingebunden.

Viele der Unternehmen und Institute, die sich mit der Ökobilanzierung beschäftigen, erstellen eigene, zum Teil sogar kunden- oder auftragsspezifische Modelle zu Ökobilanzierung. Diese Modelle bauen in der Regel auf die im Folgenden dargestellten Konzepte auf.

© Springer-Verlag GmbH Deutschland, ein Teil von Springer Nature 2019
P. Bühler et al., *Produktdesign*, Bibliothek der Mediengestaltung,
https://doi.org/10.1007/978-3-662-55511-8_4

4.1.2 „From cradle to grave"

„From cradle to grave" – von der Wiege bis zur Bahre – ist ein lineares Prinzip, welches das ganze Produktleben betrachtet – von der Gewinnung der verwendeten Rohstoffe, der Herstellung des Produkts, der Nutzung einschließlich der Betriebs- und der Hilfsstoffe (z.B. Benzin, Schmiermittel) bis zum Ende der Nutzungsphase.

Nachteil des Modells ist, dass nach der Nutzungsphase von einer Entsorgung ausgegangen wird. Die Möglichkeit einer Verwertung wird nicht beachtet. Die Umweltbelastungen durch die Deponierung oder gar durch die unsachgemäße Entsorgung in der Natur werden nicht berücksichtigt.

„From cradle to grave" ist daher ein ressourcenverbrauchendes Prinzip.

4.1.3 „From cradle to cradle"

Das Prinzip „from cradle to cradle" – von der Wiege bis zur Wiege – geht von der Idee aus, dass Abfälle Wertstoffe sind. Produkte werden nach der Nutzungsphase nicht deponiert, sondern dienen als Rohstoffe für neue Produkte. Es geht also um die Effektivität des Werk- und Rohstoffeinsatzes.

In diesem Prinzip werden allerdings nur die Werkstoffe und nicht die notwendigen Betriebsstoffe (z.B. Schmieröl, Treibstoffe) oder andere Belastungen in der Nutzungsphase berücksichtigt.

Produkte sind ökoeffektiv, wenn diese als biologische Nährstoffe in biologische Kreisläufe zurückgeführt oder in technischen Werkstoffkreisläufen immer wieder verwendet werden können. Die Ökoeffektivität – „from cradle to cradle" – ist ein konsumorientiertes Prinzip. Die Werkstoffe befinden sich in biologischen oder technischen Kreisläufen.

4.1.4 Ökologischer Rucksack

Der ökologische Rucksack stellt die Menge an Ressourcen dar, die im Lebenszyklus eines Produkts verbraucht werden. Damit soll ein Vergleichsmaßstab geschaffen werden, mit dem ökologische Folgen von Produkten beurteilt werden können.

Das Modell wurde von Friedrich Schmidt-Bleek 1994 im Rahmen der Überlegungen zum Materialinput pro Serviceeinheit (MIPS) erstmals veröffentlicht.

Alle Werkstoffe, aber auch Energieträger haben einen „ökologischen Rucksack".
Beispiele:

- Beim Abbau einer Tonne Steinkohle fallen 5 Tonnen Abraum und Wasserverbrauch an. Dazu kommen bei der Verbrennung ca. 3,3 Tonnen Kohlendioxidemissionen. Der ökologische Rucksack von Steinkohle ist 8,3-mal so groß wie die Steinkohle selbst.
- Ein 5 g schwerer Ring aus Gold hat einen ökologischen Rucksack von ca. 2.000 Kilogramm. Dieser besteht aus der Menge an goldhaltigem Gestein plus Energieträger wie Kohle oder Öl, die gebraucht werden, um das Gold zu gewinnen und den Ring anzufertigen.
- Der ökologische Rucksack einer 0,7 kg schweren Jeans wiegt über 30 kg. Dabei wird der Energieaufwand für die Herstellung der beim Baumwollanbau eingesetzten Pestizide berücksichtigt. Die ökologischen Auswirkungen des Pestizides in der Natur werden, wie die zum Anbau der Baumwolle benötigte große Menge Wasser, nicht mit einbezogen.

Kritik am ökologischen Rucksack

Der ökologische Rucksack berücksichtigt viele, aber längst nicht alle wichtigen Prozesse und Aufwendungen bei der Herstellung und Nutzung von Produkten. Bei der Berechnung werden manche Ressourcen, wie z. B. die notwendigen Wasser- oder Luftmengen, nicht berücksichtigt. Bei vielen Produkten ist der benötigte Wasserinput aber bedeutend. Viele wichtige Umweltbelastungen werden nicht oder nur unzureichend abgebildet (vgl. obengenanntes Beispiel der Baumwollherstellung).

4.1.5 Ökologischer Fußabdruck

Der ökologische Fußabdruck, ein 1994 von Mathis Wackernagel und William E. Rees entwickeltes Konzept, zeigt auf, wie viel Platz ein Land, eine Stadt oder ein Haushalt für den derzeitigen Lebensstandard (ver-)braucht, aber auch wie viel biologische Kapazität ein Land bietet.

Beim ökologischen Fußabdruck werden Flächen berücksichtigt:

- zur Produktion von Nahrung, Kleidung, Möbeln und sonstigen Produkten
- für das Wohnen
- für produzierten Müll
- für die Bereitstellung von Energie
- für das Binden von freigesetztem Kohlendioxid durch z. B. Energiegewinnung und Verkehr

Die gesamte nutzbare Fläche der Erde wird durch die Anzahl der Menschen, die darauf lebt, geteilt. Im weltweiten Schnitt stehen theoretisch jedem Menschen 1,8 Hektar zur Verfügung. Nach derzeitiger Lebensweise und Konsumverhalten werden pro Kopf 2,2 Hektar benötigt (vgl. Grafik „Ökologischer Fußabdruck von Staaten – 2014"). Durch die steigende Weltbevölkerung und den steigenden Lebensstandard wächst der Ressourcenbedarf und damit die beanspruchte Fläche ständig.

Diese Zahlen zeigen, wie wichtig nachhaltiges Handeln ist und welche Bedeutung dieses auch für die Gestaltung von Produkten hat.

Ökologischer Fußabdruck von Staaten, Stand 2014

Quelle: Global Footprint Network, 2018 National Footprint Accounts

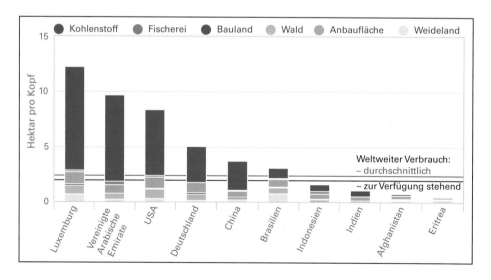

4.1.6 Rückführung und Entsorgung

Rückführung und Entsorgung sind zwei Faktoren, die ein Produktdesigner bei der Gestaltung berücksichtigen muss. Die Vorgaben zur Abfallhierarchie müssen bei Konzeption und Gestaltung beachtet werden. Bezüglich Verwertung sind Grenzen gesetzt, da die spätere Rückführung stark vom Nutzer abhängt.

Abfallhierarchie

Nach EU-Vorgaben bestehen folgende Abfallhierarchien:
1. Abfallvermeidung:
   Hierzu gehört auch das Verbot von umweltgefährdenden Stoffen.
2. Vorbereitung zur Wiederverwendung:
   Es erfolgt eine erneute Nutzung des Produkts, z. B. Pfandflasche.
3. Recycling – stoffliche Verwertung:
   Definierte Abfallstoffströme oder Teile davon werden zur Gewinnung vermarktungsfähiger Sekundärrohstoffe wieder aufbereitet, z. B Stahlschrott, Altglas.
4. Sonstige Verwertung, z. B. durch energetische Verwertung:
   Abfallstoffe werden zur Energiegewinnung verbrannt oder vergast, z. B. Verbrennen von Autoreifen im Zementwerk zur Wärmeenergiegewinnung.
5. Beseitigung, z. B. durch Deponierung

Ziele

Die Abfallvermeidung ist oberstes Ziel, gefolgt von Wiederverwendung von Produkten, der stofflichen und der energetischen Verwertung und im ungünstigsten Fall der Deponierung.

Stoffliche Verwertung – Recycling

Das deutsche Kreislaufwirtschaftsgesetz (KrWG) baut auf den EU-Vorgaben auf und grenzt Recycling eindeutig von der Wiederverwendung von Produkten sowie der energetischen Verwertung ab. Nur die Aufarbeitung von Abfällen zu neuen Rohstoffen ist Recycling.
Die großen Vorteile von Recycling:
- Weniger Abfall wird deponiert.
- Weniger Rohstoffe werden verbraucht.

Upcycling

Beim Upcycling findet eine qualitative Aufwertung des Werkstoffs statt. Aus den aufgearbeiteten Abfallstoffen können daher hochwertigere Produkte als zuvor hergestellt werden. So werden z. B. aus alten Kunststofffolien Möbel hergestellt.

Downcycling

Wird durch das Recycling von Abfallstoffen die ursprüngliche Qualität des Werkstoffs oder dessen Verarbeitbarkeit verschlechtert, wird dies Downcycling genannt. Typisch für Downcycling sind z. B.:
- *Papierrecycling*
  Qualitätsverlust durch Faserverkürzung bei jedem Recyclingprozess
- *Kunststoffe*
  Qualitätsverlust beim wiederholten Urformen (Spritzen oder Extrudieren)
- *Glas*
  Qualitätsverlust beim wiederholten Einschmelzen
- *Textilien*
  Daraus entstehen Putzlappen oder Putzwolle.

Lichtobjekte vor einer Lichtwand von Bär+Knell

Recycling: Die lichtdurchlässige Eigenschaft der transparenten Recyclingkunststoffe eignet sich für Licht- und Leuchtobjekte aller Art.

Energetische Verwertung

Können Abfallstoffe nicht mehr oder nur in verminderter Qualität oder nur mit erhöhtem Aufwand recycelt werden, ist z. B. bei Papier oder Kunststoff eine thermische Verwertung (Verbrennung) sinnvoll. Diese kontrollierte energetische Verwertung, z. B. Verbrennung in einem Müllkraftwerk mit Wärmekraftkopplung oder als Fernwärmelieferant, ist der Deponierung vorzuziehen.

4.1.7 Reparaturfähigkeit

Reparaturgerechtes Design berücksichtigt die schnelle und einfache Zerlegbarkeit der Produkte mit standardisierten Werkzeugen sowie eine gute Zugänglichkeit der einzelnen Baugruppen. Bereits in der Konzeptionsphase legen Auftraggeber und Designer hierzu eine Strategie fest, die dann bei der Gestaltung umgesetzt wird.

Eine lange Erhältlichkeit von Ersatzteilen und die entsprechende Logistik sind ebenso wichtig. Nicht sicherheitsrelevante Bauteile, wie z. B. Akkus in mobilen Geräten, könnten bei richtiger Konzeption der Produkte auch von den Nutzern selbst ausgetauscht werden.

4.1.8 Obsoleszenz

Obsoleszenz ist die Veralten von Produkten – sie werden nicht mehr benutzt. Designer können hier nur in den vom Auftraggeber bestimmten Grenzen steuernd eingreifen.

Psychische Obsoleszenz

Ein Produkt kommt aus der Mode, ist aber ansonsten noch nutzbar und voll funktionsfähig. Die psychische Obsoleszenz kann durch gestalterische, stilistische Merkmale (Styling), z. B. modische Kleidung, modische Accessoires, oder durch technische Merkmale, z. B. Displaygrößen von Smartphones oder TV-Geräten, hervorgerufen werden (Konsumdesign). Verantwortungsvolles Design bedeutet zeitlose statt modische Gestaltung oder modularer Aufbau für Austausch oder Nachrüstung von defekten oder veralteten Modulen.

Ökonomische Obsoleszenz

Ein Produkt ist noch zu reparieren, allerdings sind die Kosten so hoch, dass es sich wirtschaftlich nicht mehr lohnt. Design kann hier durch bessere Reparaturfähigkeit positiv eingreifen z. B. durch einfache Zerlegbarkeit oder modularen Aufbau.

Funktionelle Obsoleszenz

Ein Produkt ist noch nutzbar, erfüllt aber neue Anforderungen nicht mehr, z. B.:

- Die Schnittstelle eines funktionierenden Scanners wird von einem neuen PC nicht mehr unterstützt.
- Weder neues Betriebssystem noch Hersteller bieten passende Treiber für ein vorhandenes Peripheriegerät.
- Für ein Smartphone wird das aktuelle Betriebssystem nicht angeboten.
- Für ein Gerät werden keine Sicherheitsupdates mehr angeboten.

Die Grenze zur geplanten Obsoleszenz ist fließend.

Geplante Obsoleszenz

Bei der Konzeption, Gestaltung und/oder Konstruktion werden bereits Schwachstellen bewusst eingebaut, damit die Produkte schnell schadhaft und nicht mehr nutzbar sind. So werden z. B.:

- minderwertige Werkstoffe eingesetzt,
- Verschleißteile sind nicht oder nur mit sehr hohem Aufwand ersetzbar,
- Akkus sind nicht vom Nutzer selbst austauschbar.

4.2 Nachhaltigkeit

4.2.1 Historische Betrachtung

Nachhaltigkeit ist ein deutscher Begriff, der Anfang des 18. Jahrhunderts in der Forstwirtschaft geprägt wurde. Wie die beiden Quellentexte in den Textboxen dieser Seite zeigen, verbergen sich hinter dem Begriff keineswegs moderne Inhalte.

Nachhaltigkeit

„Es läßt sich keine dauerhafte Forstwirtschaft denken und erwarten, wenn die Holzabgabe aus den Wäldern nicht auf Nachhaltigkeit berechnet ist. Jede weise Forstdirektion muss daher die Waldungen [...] so hoch als möglich, doch so zu benutzen suchen, daß die Nachkommenschaft wenigstens ebensoviel Vorteil daraus ziehen kann, wie sich die jetzt lebende Generation zueignet."

Georg Ludwig Hartig: Anweisung zur Taxation der Forste oder zur Bestimmung des Holzertrags der Wälder. Auflage von 1804

Nachhaltigkeit in diesem Zusammenhang bedeutet die Betreuung und Nutzung von Waldflächen, so dass
- die Produktivität (einschließlich ihrer Bodenertragskraft),
- die Verjüngungsfähigkeit und
- die Vitalität

behalten oder verbessert werden kann.

Nachhaltigkeit

„Unter allen Bemühungen des Forstwirts ist wohl keine wichtiger und verdienstlicher, als die Nachzucht des Holzes, oder die Erziehung junger Wälder, weil dadurch die jährliche Holzabgabe wieder ersetzt, und dem Wald eine ewige Dauer verschafft werden muss."

Georg Ludwig Hartig: Anweisung zur Holzzucht für Förster. Marburg 1791

Nachhaltigkeit beschreibt hier die Erhaltung der gegenwärtigen und zukünftigen Funktionen des Waldes auf lokaler und nationaler Ebene:

- Wirtschaftlichkeit
- soziale Gerechtigkeit
- Ökologie
- keine Schäden an anderen Ökosystemen durch die nachhaltige Bewirtschaftung einer Waldfläche

Aus heutiger Sicht zeigen sich Grenzen der Nachhaltigkeit, da die Entnahme des Holzes zwangsläufig die Bodenneubildung, die Lebensräume und die Artenvielfalt verringert.

4.2.2 Nachhaltiges Handeln

Stabile und dauerhafte – im ursprünglichen Sinne nachhaltige – Wirtschaftssysteme waren schon immer ein Thema in der Menschheitsgeschichte. Solange die Naturgebiete noch ausreichend groß und auch dünn bevölkert waren, war das Jagen und Sammeln kein Problem, wenn das Gebiet nicht überjagt oder übersammelt wurde. Mit steigender Bevölkerung erfolgte mit dem Feldbau und der Fernweidewirtschaft eine langsame, kontinuierliche und immer effizientere Anpassung der Land- und Ressourcennutzung an die jeweiligen Standortbedingungen (z. B. an Klima, Wasser, Bodenbeschaffenheit, Rohstoffe).

Plötzliche Veränderungen der ökologischen, ökonomischen und sozialen Faktoren durch z. B. Klimawandel, Missernten, Wirtschaftskrisen, Bevölkerungsexplosion, Epidemien, Kriege und Ressourcenknappheit führten und führen zu Problemen. Dadurch kommt das System vom nachhaltigen Handeln aus dem Gleichgewicht. Um dann mittel- und langfristig zu überleben, müssen Menschen nachhaltig handeln.

Diese Überlegungen führen zu unterschiedlichen Modellen der Nachhaltigkeit bzw. des nachhaltigen Handelns.

4.2.3 Drei-Säulen-Modell der Nachhaltigkeit

Das Drei-Säulen-Modell der Nachhaltigkeit berücksichtigt die gleichzeitigen und gleichberechtigten Ziele der Umwelt, Wirtschaft und Gesellschaft, um die

- ökologische,
- ökonomische und
- soziale

Leistungsfähigkeit einer Gesellschaft sicherzustellen und zu verbessern. Nachhaltiges Handeln ist ein Handeln, das wichtige gesellschaftliche, wirtschaftliche und ökologische Interessen verfolgt.

Nur wenn alle drei Ziele gleichzeitig erfüllt sind, wird Nachhaltigkeit erreicht. Werden schwerpunktmäßig nur zwei der Ziele erreicht, führt das zu Verträglichkeit, Gerechtigkeit oder Machbarkeit.

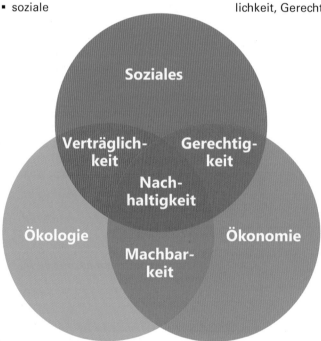

Drei-Säulen-Modell der Nachhaltigkeit

Die drei Säulen der Nachhaltigkeit		
Ökologische Nachhaltigkeit	Ökonomische Nachhaltigkeit	Soziale Nachhaltigkeit
Orientiert sich am ursprünglichen Gedanken: kein Raubbau an der Natur. Natürliche Lebensgrundlagen werden nur in dem Maße beansprucht, wie diese sich regenerieren.	Gesellschaft sollte nicht über ihre wirtschaftlichen Verhältnisse leben, da dies zwangsläufig zu Einbußen der nachkommenden Generationen führt. Wirtschaftliches Handeln gilt als nachhaltig, wenn dieses dauerhaft betrieben werden kann.	Organisation eines Staates oder einer Gesellschaft, damit sich die sozialen Spannungen in Grenzen halten und Konflikte nicht eskalieren, sondern auf friedlichem und zivilem Wege ausgetragen und gelöst werden. Menschenrechte und faire Arbeitsbedingungen werden berücksichtigt.

Definitionen nach wikipedia: https://de.wikipedia.org/wiki/Drei-Säulen-Modell_(Nachhaltigkeit), Zugriff 07.01.2019

Verträglichkeit

Sowohl Gesellschaft als auch Umwelt „halten das aus", zur Nachhaltigkeit fehlt die dauerhafte Wirtschaftlichkeit.

Gerechtigkeit

Die Produkte oder Dienstleistungen sind für weite Schichten der Gesellschaft erreichbar. Spannungen und Konflikte werden vermieden. Ökologische Aspekte werden nicht berücksichtigt.

Machbarkeit

Unabhängig davon, ob etwas sozial vertretbar ist, es ist ökologisch und wirtschaftlich „machbar".

Kritik am Drei-Säulen-Modell

- Generationengerechtigkeit wird nur begrenzt erfasst – unsere Nachkommen müssen damit leben, dass z. B. durch das Artensterben die Artenvielfalt abgenommen hat oder dass die leicht zu erschließenden Erdölvorkommen aufgebraucht sind.
- Globale Gerechtigkeit wird nicht berücksichtigt – z. B.: Müllexport, Rohstofflieferungen aus Entwicklungsländern, steigende Meeresspiegel haben auf verschiedene Staaten mehr oder weniger starke Auswirkungen.
- Modell ist schlecht operationalisierbar, konkrete Handlungsweisen sind daher schwer ableitbar und deren Wirksamkeit schlecht überprüfbar.
- Modell beschreibt die ökonomische, ökologische und soziale Nachhaltigkeit als gleichrangig, der Schutz der natürlichen Lebensbedingungen (Ökologie) ist aber Grundvoraussetzung für ökonomische und soziale Stabilität.

4.2.4 Vorrangmodell der Nachhaltigkeit

Das Vorrangmodell der Nachhaltigkeit baut auf das Drei-Säulen-Modell der Nachhaltigkeit auf, stellt aber die Abhängigkeit der Dimensionen besser dar, indem es Folgendes berücksichtigt:

- Eine nachhaltige Wirtschaft benötigt eine stabile Gesellschaft.
- Eine langfristig stabile Gesellschaft ist nur bei einer ausgeglichenen Ökologie möglich.

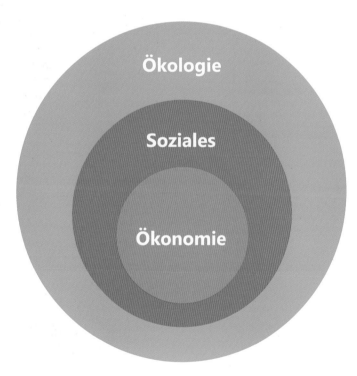

Vorrangmodell der Nachhaltigkeit

4.2.5 Planetary Boundaries – Belastungsgrenzen der Erde

Das 2009 unter Leitung von Johan Rockström (Stockholm Resilience Centre) entwickelte Modell Planetary Boundaries stellt die ökologischen Belastungsgrenzen der Erde, also die ökologischen Grenzen unseres Planeten, dar und unterstreicht damit, wie wichtig Nachhaltigkeit heute ist. Ziel des Modells ist es, weltweite katastrophale Umweltveränderungen zu vermeiden.

Im Modell sind neun für das System Erde wichtige ökologische Dimensionen als globale Grenzwerte identifiziert. Sieben dieser neun ökologischen Dimensionen sind bisher quantifiziert. Bei Überschreitung der Grenzwerte besteht die Gefahr plötzlicher und irreversibler Umweltveränderungen, die Einschränkungen der Bewohnbarkeit der Erde zur Folge haben können. Die quantifizierte Belastungsgrenze ist bereits von vier Dimensionen überschritten:

- Klimawandel
- Biodiversitätsverlust (Verlust der biologischen Vielfalt)
- Stickstoffkreislauf
- Landnutzung

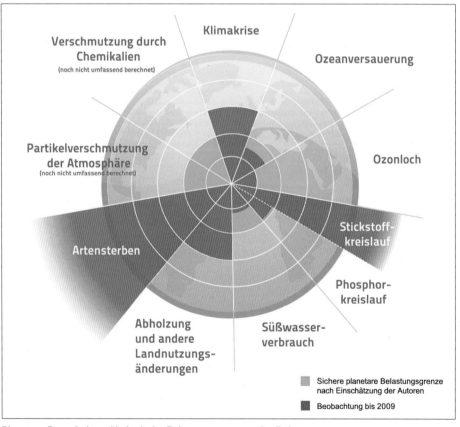

Planetary Boundaries – ökologische Belastungsgrenzen der Erde

nach Johan Rockström, Stockholm Resilience Centre et al. 2009, Illustration: Felix Müller

4.2.6 Donut-Modell

Das Donut-Modell der Ökonomin Kate Raworth vereint das Modell Planetary Boundaries mit den Menschenrechten und zeigt damit auch die soziale Verantwortung von Herstellern und Designern auf.

Der äußerer Rand des Donuts beschreibt die Planetary Boundaries – die ökologischen Grenzen unseres Planeten. Der innerer Rand des Donuts zeigt soziale Gerechtigkeitsstandards zur Wahrung der Menschenrechte.

Werden in einem Wirtschaftssystem diese beiden Grenzen, die den Donut bilden, respektiert, herrscht eine nachhaltige Stabilität. Dabei werden nicht nur die wirtschaftlichen Kreisläufe von Geld und Waren betrachtet, sondern auch die Umwelt, unbezahlte Sozial- und Sorgearbeit sowie soziale (Un-)Gerechtigkeiten als Bestandteile erfasst.

Dieses ganzheitliche Donut-Modell hilft bei der Konzeption und Gestaltung von Produkten, vor allem die gesellschaftlichen und ökologischen und in Grenzen auch die wirtschaftlichen Folgen zu berücksichtigen.

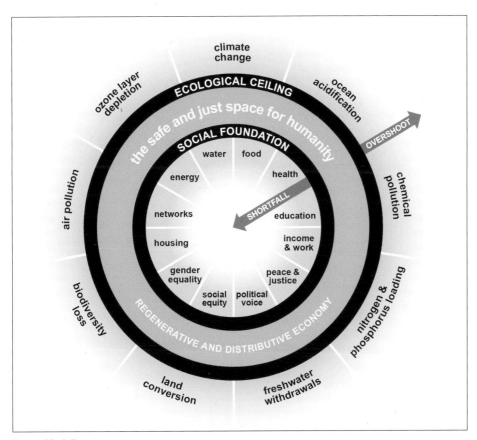

Donut-Modell
Kate Raworth, 2017, Illustration: Christian Guthier

4.2.7 Ebenen der Nachhaltigkeit in der Produktgestaltung

Designer haben bei der Neuentwicklung oder dem Redesign eines Produktes die Verantwortung, das Produkt nachhaltig zu gestalten. Daher müssen nachhaltige Aspekte für alle Phasen des Lebenszyklus berücksichtigt werden.

Mit der unten stehenden Grafik „Ebenen der Nachhaltigkeit in der Produktgestaltung" können sowohl Produktanforderungen als auch Produktideen und -konzepte sowie fertige Produkte auf ihre Nachhaltigkeit überprüft und eingeordnet werden.

Die Grafik wird von unten nach oben gelesen und zeigt folgende Aspekte:
- Die Ebene der Nachhaltigkeit eines (neuen) Produkts
- Die mit Produktkonzeption, Gestaltung, Herstellung und Vertrieb des Produkts verfolgten Ziele
- Das Selbstverständnis und die Leitziele (Corporate Identity) des Designers und des Herstellers des Produkts

Nachhaltigkeit (Ökologie, Ökonomie, Soziales)		
Ebene 3 – Nachhaltigkeit als Gesamtkonzept		
3	Motto: „Jedes Problem ist eine gestalterische Chance." Designer entwickeln Lösungen und damit sogar neue, bisher nicht da gewesene Produkte, um ökologische und soziale Probleme nachhaltig zu lösen. Die Nachhaltigkeitsstrategien werden berücksichtigt, umgesetzt, evaluiert und kommuniziert.	
	Ziele des Designs:	Produktkonzeption, Design und Produktion dieser Produkte haben damit einen positiven Einfluss auf die gesellschaftlichen Herausforderungen.
Ebene 2 – Nachhaltigkeit als Leitmotiv		
2	Bereits im Konzeptions- und Gestaltungsprozess werden Nachhaltigkeitsstrategien geplant. Bei der Realisation und Produktion werden diese umgesetzt, evaluiert und veröffentlicht. Nachhaltiges Design schafft eine erhöhte Wertschöpfung.	
	Ziele des Designs:	ökonomischer, ökologischer und sozialer Gewinn
Ebene 1 – Nachhaltigkeit als Mittel zum Zweck		
1	Im Konzeptions- und Gestaltungsprozess spielen ökologische und soziale Verträglichkeit eine Rolle, dienen aber vor allem dem ökonomischen Erfolg. „Green Washing" – Nachhaltigkeit wird berücksichtigt, um z. B. Kosten zu sparen, Risiken zu minimieren, die Attraktivität des Produkts zu steigern, sich positiv von anderen Produkten abzugrenzen. Häufig werden ökologische Aspekte für das Marketing genutzt.	
	Ziele des Designs:	Vorrangig ist der ökonomische Erfolg des Auftraggebers, dazu dienen auch die sozialen und ökologischen Aspekte des Produkts.
Ebene 0 – Keine Nachhaltigkeit		
0	Weder im Konzeptionsprozess noch im Gestaltungsprozess spielen Rohstoffgewinnung, Produktion, Nutzungs-, Rückführungs- und Entsorgungsphase oder ökologische und soziale Verträglichkeit eine Rolle. Wirtschaftliche Interessen stehen im Vordergrund.	
	Ziele des Designs:	ökonomischer Erfolg des Auftraggebers – Umsatz, Gewinn, Marktanteile des Auftraggebers

Ebenen der Nachhaltigkeit in der Produktgestaltung (in Anlehnung an Dyllick & Muff, 2016)

Ebene 0 – Keine Nachhaltigkeit

In der untersten Ebene werden ökologische und soziale Verträglichkeit weder im Konzeptions- und Gestaltungsprozess noch bei Herstellung, Nutzung, Verwertung oder Deponierung berücksichtigt. Nur der ökonomische Erfolg des Herstellers ist wichtig.

Produktbeispiel Kleidungsstücke:
- Die Stoffe wurden nicht nachhaltig hergestellt.
- Die Herstellung erfolgt unter sozial fragwürdigen Bedingungen, z. B. Kinderarbeit, fehlende Arbeitssicherheit, ungerechte Entlohnung.
- Bei der Herstellung werden umweltbelastende Farben verwendet.
- Die Transportwege sind unnötig lang.

Produktbeispiel Smartphone:
- Die Gewinnung der Werkstoffe (z. B. seltene Erden) und die Produktion der Geräte erfolgen unter sozial fragwürdigen Bedingungen.
- Die Umweltverschmutzung bei der Gewinnung der Rohstoffe und bei der Produktion ist groß.
- Die Akkus können nicht vom Anwender selbst ausgetauscht werden.
- Die Produkte sind künstlich obsolet konzipiert.

Ebene 1 – Nachhaltigkeit als Mittel zum Zweck

Ökologische und soziale Verträglichkeit wird berücksichtigt, aber der ökonomische Erfolg steht im Vordergrund. So dienen ökologische oder soziale Verträglichkeit z. B. zu Marketingzwecken, dem sogenannten *„green washing"*, oder zur Abgrenzung von Mitbewerbern.

Produktbeispiel Gartenmöbel:
- Das Tropenholz stammt aus zertifiziertem Anbau. Dies wird beworben.
- Die sozialen und ökologischen Bedingungen im An-/Abbauland sowie die weiten Transportwege werden aber nicht berücksichtigt.

Ebene 2 – Nachhaltigkeit als Leitmotiv

Bei der Entwicklung und der Produktion von Produkten werden Nachhaltigkeitsstrategien berücksichtigt, evaluiert und kommuniziert. Die Sinnhaftigkeit des Produkts und die Folgen für die Gesellschaft werden nicht umfassend hinterfragt.

Produktbeispiel das Smartphone „Fairphone":
- Die Sinnhaftigkeit und das Gesamtkonzept von Smartphones und deren Auswirkungen auf Gesellschaft, Umwelt und Ökonomie werden jedoch nicht hinterfragt.
- Modularer Aufbau erlaubt leichte Reparatur und die Möglichkeit, bei technischen Neuerungen und Verbesserungen einzelne Module (z. B. Kamera, Wi-Fi-Modul) auszutauschen.
- Die sozialen und ökologischen Bedingungen bei der Rohstoffgewinnung und der Produktion sind dokumentiert und kommuniziert. Soweit möglich werden nachhaltige Bauteile/Baugruppen verarbeitet.

Ebene 3 – Nachhaltigkeit als Gesamtkonzept

Wie bei Ebene 2 werden bei der Entwicklung und der Produktion von Produkten Nachhaltigkeitsstrategien berücksichtigt, evaluiert und kommuniziert. Die Sinnhaftigkeit des Produkts und die Folgen für die Gesellschaft werden ganzheitlich hinterfragt. Das Produkt dient zur Lösung von ökologischen oder gesellschaftlichen Problemen.

4.3 Design und Verantwortung

Designer als Anwalt der Nutzer

Viele Designer sehen sich als Anwalt des Nutzers. Sie müssen die Bedürfnisse und Wünsche der Nutzer beachten. Die Ziele der Auftraggeber sind nicht immer deckungsgleich mit denen der Nutzer. Der Designer muss daher die Interessen der Nutzer gegenüber dem Auftraggeber verteidigen und zwischen den unterschiedlichen Interessen vermitteln.

Ökonomische Verantwortung

Das Design sollte so gut sein, dass das Produkt zum Erfolg wird und der Hersteller Gewinn erzielen kann, so dass die wirtschaftlichen Kreisläufe und Arbeitsplätze erhalten bleiben.

Gesellschaftliche Verantwortung

Als weiterer Teil der Designethik haben Designer die Verantwortung gegenüber und in der Gesellschaft. Der Designer muss sich Gedanken machen, ob unsere Gesellschaft das geplante Produkt verträgt und braucht. Er hat bei der Neuentwicklung oder dem Redesign eines Produktes die Verantwortung, das Produkt nachhaltig zu gestalten.

Ferner müssen die Anforderungen der Nutzer und der Gesellschaft berücksichtigt werden. Auch die Anforderungen des Auftraggebers sowie die gesetzlichen Vorschriften müssen vom Designer bei der Produktgestaltung eingehalten werden.

Ökologische Verantwortung

Bei der Herstellung und Nutzung, aber auch nach der Nutzungsphase sollte von dem Produkt keine Schäden an der Umwelt ausgehen. Die Wahl der Werkstoffe und der Energieverbrauch sind dabei wichtige Faktoren. Bei vielen Produkten ist es sinnvoll, dass diese langlebig konzipiert sind.

Moralische Verantwortung

Die Erstellung von Plagiaten, die Übernahme von Entwürfen eines anderen Designers oder eines anderen Unternehmens, oder der Entwurf und die Optimierung von Waffen oder Waffensystemen beinhalten einerseits soziale und ökonomische Aspekte, andererseits muss solch eine Tätigkeit jeder Designer mit sich und seinen Moralvorstellungen selbst klären.

4.4 Aufgaben

1 Ökologische Sichtweisen vergleichen

„From cradle to grave" und „from cradle to cradle" sind zwei Sichtweisen auf den Produktlebenszyklus. Erläutern Sie den Unterschied der beiden Sichtweisen.

„From cradle to grave"

„From cradle to cradle"

2 Die drei Säulen der Nachhaltigkeit beschreiben

Nennen und beschreiben Sie die drei Säulen der Nachhaltigkeit.

3 Ziele der Nachhaltigkeit im Produktdesign beschreiben

Beschreiben Sie Nachhaltigkeitsziele in der Produktgestaltung.

4 Verantwortung von Produktdesignern beschreiben

Beschreiben Sie die Verantwortung, die Designer bei der Gestaltung von Produkten haben.

5.1 Eigenschaften von Werkstoffen

Die Auswahl von Werkstoffen erfolgt häufig nach deren technologischen und ökologischen Eigenschaften sowie dem Preis, aber auch nach den sinnlich erfahrbaren Eigenschaften – der Anmutung.

5.1.1 Technologische Eigenschaften

Dichte
Die Dichte eines Werkstoffes gibt das Verhältnis der Masse zum Volumen an.
Dichte = Masse (m) / Volumen (V)
Die Dichte von Werkstoffen wird in der Regel in kg/dm³ bzw. g/cm³ angegeben.

Beispiel Stahl – Titan:
Vergütete Stähle und Titanlegierungen haben ähnliche Festigkeitswerte, Stahl hat eine Dichte von ca. 7,8 g/cm³, Titanlegierungen von ca. 4,5 g/cm³. Bei gleicher Dimensionierung und vergleichbarer Festigkeit wiegt das Produkt aus Titan nur ca. 60% des Produkts aus Stahl.

Schmelzpunkt
Der Schmelzpunkt gibt die Temperatur an, bei der ein Werkstoff zu schmelzen beginnt, also vom festen in den flüssigen Zustand übergeht. Der Schmelzpunkt wird in Grad Celsius (°C) oder Kelvin (K) angegeben.

Wärmeleitfähigkeit
Die Wärmeleitfähigkeit ist abhängig vom Werkstoff und dessen Querschnitt und beschreibt, wie gut Wärmeenergie weitergeleitet wird.
- Gute Wärmeleiter:
  Metalle, besonders Kupfer und Aluminium
- Schlechte Wärmeleiter:
  Holz, Kunststoffe, Pappe und Papier

Elektronische Schaltung
Leiterplatte und teilweise auch die Bauteilgehäuse sind aus dem Duromer Epoxidharz (EP) gefertigt, da sich Duromere im Gegensatz zu Thermoplasten bei Erwärmung nicht verformen oder schmelzen.

Brille „Collection 0", Werner Aisslinger für onono
Aus Titan gefertigt, daher hohe Stabilität, geringes Gewicht und damit hoher Tragekomfort

Kochtopf „Premium One", Peter Ramminger, WMF Atelier für WMF
Ausgezeichnet mit iF design award 2011; gefertigt aus Edelstahl, Aluminium, Kunststoff. Das im Edelstahlboden eingekapselte Aluminium ist ein guter Wärmespeicher und sorgt auch für gleichmäßige Wärmeverteilung.
Durch die schlecht wärmeleitenden Kunststoffelemente (rot) zwischen Topf und Griff erfolgt eine sehr gute Wärmeisolation der Griffe.

© Springer-Verlag GmbH Deutschland, ein Teil von Springer Nature 2019
P. Bühler et al., *Produktdesign*, Bibliothek der Mediengestaltung,
https://doi.org/10.1007/978-3-662-55511-8_5

Härte und Festigkeit

Härte und Festigkeit beschreiben unterschiedliche Werkstoffeigenschaften, werden im allgemeinen Sprachgebrauch aber oft miteinander verwechselt oder gar als Synonym verwendet.

Härte

Die Härte ist der Widerstand eines Werkstoffes gegen das mechanische Eindringen eines anderen Körpers. Die Härte beeinflusst die Haltbarkeit von Oberflächen und den Verschleiß.

Festigkeit

Die Festigkeit beschreibt den Widerstand gegen Beanspruchung durch mechanische Belastung. Die Überbelastung führt zu dauerhafter Verformung oder zum Bruch. Unterschieden werden Zug-, Druck-, Biege-, Schub- und kombinierte Beanspruchungen. Die Festigkeit wird als mechanische Spannung in N/mm^2 angegeben.

Plastizität, Elastizität und Sprödigkeit

Plastizität und Elastizität beschreiben die Fähigkeit eines Werkstoffes, sich durch von außen einwirkende Kräfte umzuformen, ohne zu brechen.

Plastizität

ist die Eigenschaft, nach Wegnahme der Kraft die neue Form beizubehalten.
- Beispiele: Walzen, Biegen, Abkanten

Elastizität

ist die Eigenschaft, nach Wegnahme der Kraft wieder in die ursprüngliche Form zurückzugehen.
- Beispiele: Sprungfedern, Gummiringe

Sprödigkeit

beschreibt, wie weit sich ein Werkstoff elastisch verformen lässt, bevor er bricht, z. B. Glas, Keramik.

5.1.2 Nachhaltigkeit und Werkstoffe

Die Betrachtung der Nachhaltigkeit von Werkstoffen ist sehr komplex, da soziale, ökonomische und ökologische Aspekte berücksichtigt werden. Zum Beispiel erscheint im Fahrzeugbau das leichte Aluminium als positiver Werkstoff, da bei der Nutzung durch das geringere Gewicht zur Fortbewegung weniger Energie notwendig wird. Auch ist Aluminium nach der Nutzungsphase relativ leicht zu recyceln. Wird aber die Gewinnung des Werkstoffes Aluminium betrachtet, fallen der sehr hohe Energieaufwand und der sich bildende giftige Rotschlamm schnell negativ ins Gewicht.

Um eine halbwegs sinnvolle Aussage zu bekommen, ist der komplette Lebenszyklus des Werkstoffs zu betrachten:
- Gewinnung des Werkstoffs – Abbau, Transport, Energie, Gewinnung/Erzeugung
- Verarbeitung – Energie, Emissionen
- Nutzung des Produkts – Energieverbrauch, Emissionen
- stoffliche oder energetische Verwertung (z. B. Recycling oder Müllerverbrennung)
- Deponierung – Umweltverträglichkeit

**Wasserkaraffe „Basic",
Köhler & Wilms für
WMF**

Durch die hohe Härte des Glases zerkratzt die Oberfläche wenig, durch die hohe Sprödigkeit zerspringt die Karaffe aber bei Überlastung (z. B. Sturz).

**Modellbau Mercedes-
Benz Advanced Design Studio, Como**

Durch seine Plastizität kann Modellbau-Clay (Industrieplastilin) modelliert werden.

**Armreif, Thomas
Stauss, 1989**

Gefertigt aus Edelstahl, Gelbgold. Durch die hohe Festigkeit des kaltgewalzten Edelstahls wird die Spange beim Öffnen und Schließen im elastischen Bereich beansprucht.

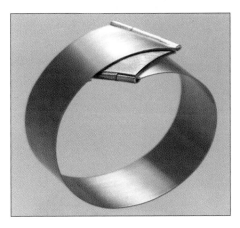

5.2 Einteilung der Werkstoffe

Werkstoffe spielen in der Produktgestaltung sowohl im Modellbau als auch in der späteren Herstellung der Produkte eine wichtige Rolle. Die Wahl des Werkstoffes beeinflusst Produktion, Funktion, Bedienung und den ökologischen Rucksack des Produktes. Einerseits kann der Designer die Verantwortung für die Werkstoffauswahl nicht dem Konstrukteur und dem Auftraggeber/Hersteller überlassen, andererseits können ihm die Werkstoffe z. B. durch den Auftraggeber/Hersteller vorgegeben werden. Daher ist ein grundlegendes Wissen zu den Werkstoffen für den Produktdesigner notwendig.

Werkstoffe werden nach unterschiedlichen Eigenschaften bezüglich Aufbau, chemischer, physikalischer, technologischer und ökologischer Eigenschaften und den Be- und Verarbeitungsmöglich-

keiten unterschieden. Die im Produktdesign wichtigsten Werkstoffe werden in folgende Werkstoffgruppen eingeteilt:
- Metalle und Legierungen
- Kunststoffe (Polymere)
- Massivholz und Holzwerkstoffe
- Verbundwerkstoffe

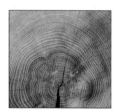
Holz

Kunststoffgranulat

Metallröhren

Triebwagenkopf aus Verbundwerkstoff

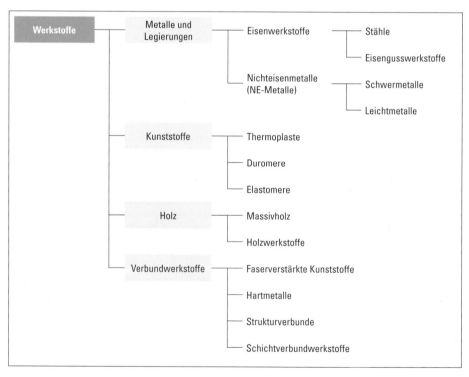
Werkstoffe
Einteilung

5.3 Metalle

Metalle zeichnen sich durch metalltypische Eigenschaften aus:
- metallischer Glanz
- hohe Wärmeleitfähigkeit
- hohe elektrische Leitfähigkeit
- Verformbarkeit (Plastizität)

Legierungen

Metalle werden sowohl rein als auch als Legierungen verarbeitet. Legierungen sind metallische Werkstoffe, die aus mindestens zwei chemischen Elementen bestehen. Legierungen haben teilweise deutlich andere chemische (z. B. Korrosionsbeständigkeit – Edelstahl), physikalische (z. B. Schmelzpunkt – Lötzinn) und technologische Eigenschaften (z. B. Härte, Festigkeit – Stähle) als die einzelnen Legierungsbestandteile. Durch die Möglichkeit, die Legierungsbestandteile und deren Verhältnis flexibel zu ändern, können die Eigenschaften von Legierungen stark variiert werden. Deshalb werden sie häufig zur Herstellung von Produkten verwendet. Grundvoraussetzung zum Erschmelzen von Legierungen ist, dass sich die Legierungsbestandteile im flüssigen Zustand vollkommen vermischen. Bei der Abkühlung und der Bildung der Metallkristallite kann diese erhalten bleiben, die Bestandteile können sich aber auch teilweise oder komplett entmischen.

Einteilung der Metalle

Eisenwerkstoffe werden wegen ihrer Wichtig- und Häufigkeit in der Produktion und der Wirtschaft als eigene Gruppe geführt (vgl. Diagramm „Werkstoffe").

5.3.1 Ökologische Aspekte

Metalle unterscheiden sich hinsichtlich der ökologischen Aspekte deutlich. Detaillierte Informationen finden Sie in den jeweiligen Übersichtstabellen.

5.3.2 Eisenwerkstoffe

Stähle
Die Stähle sind Legierungen mit dem Hauptbestandteil Eisen. Die Eigenschaften können durch den Kohlenstoffgehalt und den Anteil von unterschiedlichsten Legierungsmetallen in einem sehr breiten Bereich variiert werden. In der Regel haben Stähle eine hohe Festigkeit. Daher werden sie für mechanisch belastete Teile im Werkzeug-, Maschinen- und Fahrzeugbau eingesetzt. Produkte aus Edelstahl, wie Besteck, Kochtöpfe, prägen unseren Alltag.

Eisengusswerkstoffe
Auch bei den Eisengusswerkstoffen ist Eisen der Hauptbestandteil der Legierungen. Diese zeichnen sich durch gute Gießbarkeit aus und werden zur Herstellung komplexer Bauteile verwendet wie z. B. Gartenmöbel oder Bauteile für Eiffelturm oder Crystal Palace (Paxton), aber auch für Gehäuse, Schalt-, Steuer- und Getriebeelemente.

Wasserkessel, Michael Graves für Alessi
Edelstahl und Kunststoff

Stahl	
Technologische Eigenschaften von Stählen	
Dichte	7,8–7,9 g/cm³
Zugfestigkeit	290 - 830 N/mm² S235JR (Baustahl) 620 - 1270 N/mm² 41Cr4 (Cr-leg. Vergütungsstahl)
Schmelztemperatur	bis zu 1550 °C
magnetisch; durch die Legierungsmetalle und Kohlenstoff viele unterschiedliche Stähle mit unterschiedlichen Eigenschaften möglich; je nach Stahlsorte gut gießbar, umformbar, spanbar, Änderung der Stoffeigenschaften (Härten, Anlassen)	
Ökologische Aspekte von Stählen	
Gewinnung des Werkstoffs	Abbau und Transport von Eisenerz und Kohle, Erschmelzung im Hochofen, großer Energieeinsatz aufgrund hoher Schmelztemperatur
Verarbeitung	Energieaufwand für Maschinen, teilweise hoher Energieeinsatz bei glühender Bearbeitung (Umformen)
Nutzung des Produkts	rostet (außer rostfreie Stähle), Korrosionsschutz nötig
stoffliche Verwertung	gut einschmelzbar, auch unterschiedliche Stähle, Recyclingquote fast 100%, hohe Temperaturen notwendig bis zu 1550 °C, daher relativ hoher Energieaufwand, aber nur ca. 40% der Energie der Erzeugung
Deponierung	verrostet langsam (außer Edelstähle)

Kanne, Christopher Dresser für James Dixon & Sons

Gefertigt aus Silberlegierung und Elfenbein

5.3.3 Nichteisenmetalle

Die Nichteisenmetalle werden in Leicht- und Schwermetalle eingeteilt. Die Dichte von Schwermetallen ist größer als 5 g/cm³, die von Leichtmetallen geringer.

Schwermetalle

Schwermetalle werden eingeteilt in Edelmetalle (z. B. Silber, Gold, Platin) und Unedelmetalle (Weiß-, Legierungs-, Buntmetalle). Diese weiteren Einteilungen sind für den Produktdesigner, von wenigen Nischen seiner Tätigkeit abgesehen, weniger wichtig.

Leichtmetalle

Wichtige Leichtmetalle sind Aluminium, Titan und Magnesium. Diese werden wegen ihrer Leichtigkeit gerne im Leicht- und Fahrzeugbau eingesetzt, aber auch für Produkte, die nicht zu schwer sein dürfen, wie Gehäuse von tragbaren Geräten, z. B. Tablets oder Smartphones.

„Chair One", Konstantin Grcic für Magis

Sitzschale gefertigt aus Aluminuim

„Landi-Stuhl", Hans Coray, 1938 für Vitra

Gefertigt aus Aluminium und damit korrosionsbeständig für den Einsatz im Freien, bis zu sechs Stühle sind stapelbar.

Aluminium	
Technologische Eigenschaften von Aluminium	
Dichte	2,7 g/cm³
Zugfestigkeit	60 - 600 N/mm²
Schmelzpunkt	660 °C
relativ weiches und zähes Metall; je nach Aluminiumlegierungen gut umformbar, gut gießbar (Aluminium-Druckguss) und gut spanabhebend bearbeitbar, bedingt lebensmittelecht (nichts Saures und Salziges in Aluminium einpacken)	
Ökologische Aspekte von Aluminium	
Gewinnung des Werkstoffs	umweltbelastende Rohstoffgewinnung, extrem hoher Energieaufwand (Elektrolyse), pro 1 t gewonnenem Aluminium fallen 1,6 bis 3,7 t giftiger Rotschlamm an
Verarbeitung	im Vergleich zu anderen Metallen leicht zu bearbeiten (wenig Energie notwendig)
Nutzung des Produkts	relativ korrosionsbeständig (Aluminium oxidiert und bildet damit Schutzschicht), leicht, keine Emissionen
Stoffliche Verwertung	sortenrein sehr gut recycelbar, sonst höherer Aufwand, Recyclingquote ca. 75%, ca. 10% der Energie der Erzeugung notwendig, giftige Salzschlacke fällt an
Deponierung	zersetzt sich bei Deponierung kaum (Aluminiumoxid ist eine Schutzschicht)

Kameragehäuse Lumix GH3, Panasonic

Gefertigt aus Magnesiumlegierung, dadurch hohe Festigkeit bei geringem Gewicht

5.3.4 Kupferlegierungen

Neben Eisenwerkstoffen, Edelmetall- und Leichtmetalllegierungen sind Kupferlegierungen sehr wichtige Legierungen. Diese werden häufig in technischen Geräten, z. B. für elektrische Kontakte, Federn usw., aber auch für kunsthandwerkliche Gegenstände, z. B. Kerzenleuchter oder als Grundmetall

für versilbertes Gerät (Besteck, Schalen, Tabletts, Leuchter) eingesetzt.

Wichtige Kupferlegierungen:
- Bronze
  Kupfer-Zinn-Legierung CuSn
- Messing
  Kupfer-Zink-Legierung CuZn
- Neusilber
  Kupfer-Nickel-Zink-Legierung CuNiZn

Wasserkessel, Peter Behrens für AEG

Gefertigt aus verschiedenen Kupferlegierungen, gehämmert, poliert oder matt, rund oder eckig

Kupferlegierungen – Bronze, Messing, Neusilber	
Technologische Eigenschaften von Kupferlegierungen	
Dichte	8,1 - 8,7 g/cm³
Zugfestigkeit	Bronze (CuSn) 300 - 900 N/mm² Messing (CuZn) 300 - 700 N/mm² Neusilber (CuNiZn) 400 - 700 N/mm²
Schmelztemperatur	900 – 1000 °C
im Vergleich zu anderen Metallen leicht zu bearbeiten	
Ökologische Aspekte von Kupferlegierungen	
Gewinnung des Werkstoffs	hoher Energieaufwand, Kupferverbindungen teilweise giftig, beim Schmelzen Oxidationsschutz notwendig
Verarbeitung	wenig Energie notwendig, da im Vergleich zu anderen Metallen leicht zu bearbeiten; Kupferverbindungen teilweise giftig
Nutzung des Produkts	relativ korrosionsbeständig; relativ schwer; Kupferverbindungen teilweise giftig
Stoffliche Verwertung	gut recycelbar, sortenrein sogar sehr gut zu recyceln, da einfach einzuschmelzen, in Europa werden ca. 45% des Bedarfs durch Recycling gedeckt, weltweit ca. 35%
Deponierung	zersetzt sich bei Deponierung langsam, evtl. entstehen dabei giftige Kupfersalze – Umweltbelastung

5.4 Kunststoffe

Kugelschreiber
Aus Thermoplast (PC) mit gummiertem Griff (Elastomer)

Seit Mitte des 20. Jahrhunderts gewinnen die Kunststoffe immer mehr an technologischer und wirtschaftlicher Bedeutung.

Kunststoffe bestehen hauptsächlich aus Makromolekülen, d. h., sie setzen sich aus wiederholenden Grundmolekülen zusammen (Polymere). Die Moleküle können dabei unverzweigt, verzweigt oder vernetzt sein.

Die Kunststoffe werden anhand ihrer Eigenschaften und des Aufbaus in folgende drei Werkstoffgruppen eingeteilt:
- Thermoplaste
- Duromere
- Elastomere

Kunststoffe können aus Naturstoffen oder rein synthetisch, aus z. B. Erdöl, hergestellt werden. Die technologischen Eigenschaften (z. B. Härte, Festigkeit, Elastizität, chemische, Temperatur- und Wärmeformbeständigkeit) lassen sich durch Wahl der Moleküle, der Herstellungsverfahren und der Beimischung von Zusätzen (Additiven) variieren.

5.4.1 Ökologische Aspekte

Bis auf wenige Ausnahmen sind Kunststoffe Erdölprodukte. Sie basieren also auf einer begrenzten Ressource. Der Energieaufwand für die Herstellung ist relativ gering. Allerdings werden teilweise Giftstoffe (z. B. Chloride, Flouride) freigesetzt.

Verbrauch
Von 1950 bis 2015 wurden weltweit rund 8,3 Mrd. Tonnen Kunststoff hergestellt, also pro Kopf der Weltbevölkerung ca. 1 Tonne. Davon entfällt mehr als die Hälfte in die letzten 15 Jahre!

Entsorgung von Kunststoffen
Thermische Verwertung
Die thermische Verwertung ist die kontrollierte Verbrennung, um die vorhandene Energie des Kunststoffs direkt zu nutzen. Sie ist kostengünstig und ersetzt dabei den Rohstoff (Erd-)Öl.

Deponierung, unsachgemäße Entsorgung, fehlendes Abfallmanagement
Außer den biologisch abbaubaren sind Kunststoffe nahezu unverrottbar. Dies führt zur Problematik der Kunststoffvermüllung der Umwelt, z. B. Mikroplastik in Umwelt und Nahrungskette oder Kunststoffmüllstrudel in den Ozeanen.

5.4.2 Thermoplaste

Thermoplaste bestehen aus langen linearen Molekülen. Wie die Bezeichnung Thermoplast beschreibt, werden diese durch Erwärmung weich und formbar (plastisch) und schmelzen bei weiterer Wärmezufuhr. Nach der Abkühlung wird die Form beibehalten. Dieser Prozess ist wiederhol- und weitgehend umkehrbar. Thermoplaste können durch Urformen (z. B. Spritzguss, Extrudieren) und Umformverfahren (z. B. Thermoformen) leicht geformt werden und sind daher für den Produktdesigner interessant.

Thermoplaste sind heute die am häufigsten verarbeiteten Kunststoffe.

Tupperware
Aus dem Thermoplast Polyethylen (PE)

Kunststoffabfall
bisher weltweit
6,3 Mrd. Tonnen

79 % Müll
auf Deponie und in Umwelt

9 % recycelt

12 % energetisch verwertet
(verbrannt)

Entsorgung von Kunststoffen
Vom weltweit hergestellten Kunststoff wurden ca. 6,3 Mrd. Tonnen zu Abfall, der nur zu 9 % recycelt und zu 12 % thermisch verwertet wurde. Die übrigen 79 % wurden auf Müllhalden deponiert oder reichern sich in der Umwelt an.
[Roland Geyer et al.: Production, use, and fate of all plastics ever made. In: Science Advances. Band 3, 2017]

Lego-Steine
Thermoplaste:
- ABS für Legosteine
- PA für Achsen
- PC für transparente Bauteile

Sie werden verwendet für einfache Konsumwaren (Bleistiftspitzer), Verpackungen (Folien), Gehäuse (Fernbedienung) sowie für technische Teile in der Automobil- und Elektroindustrie (Schaltergehäuse) oder in der Bauindustrie.

Zur Optimierung der Eigenschaften können zwei oder mehrere kompatible Thermoplaste vermischt werden.

5.4.3 Duromere

Duromere bestehen aus raumvernetzten Makromolekülen. Sie entstehen in einem nicht umkehrbaren Härtungsprozess durch Erhitzen, Oxidation, energiereiche Strahlung oder Einsatz von Katalysatoren.

Erwärmung von Duromeren führt zu keiner plastischen Formbarkeit, sondern zu deren Zerstörung. Duromere sind häufig hart, spröde und nur noch mit trennenden Verfahren (z. B. Sägen, Fräsen) zu bearbeiten.

Durch ihre mechanische und chemische Beständigkeit und die höhere Temperaturbeständigkeit werden Duromere häufig für Elektroinstallationen, Elektrogeräte und Elektronikbauteile (Chipgehäuse, Platinen u. a.) verwendet.

Viele Lacke (z. B. Kunstharz-, PU-Lacke) und andere Oberflächenbeschichtungen (z. B. Laminate) sind Duromere.

5.4.4 Elastomere

Elastomere bestehen aus weitmaschig vernetzten Molekülen. Wie die Bezeichnung schon beschreibt, verändern Elastomere unter Krafteinwirkung ihre Form, geben nach. Nach Wegnahme der Kraft gehen sie wieder in die ursprüngliche Form zurück. Elastomere sind gegen viele Lösungsmittel unempfindlich. Weltweit werden 60 % der Elastomere für (Auto-)Reifen verwendet.

Thermoplaste
Unvernetzte, teilkristalline Polymere

Duromere
Engmaschige vernetzte Polymere

Elastomere
Weitmaschig vernetzte Polymere

Thermoplaste	
Technologische Eigenschaften von Thermoplasten	
Dichte	0,85 - 2,2 g/cm³
Zugfestigkeit	12 - 85 N/mm²
bei Erwärmung plastisch, einfärbbar, elektrischer und thermischer Isolator, z. B. Polyethylen (PE), Polypropylen (PP), Polystyrol (PS), Polyamid (PA), Polyethylenterephthalat (PET), Polymethylmethacrylat (PMMA), Polycarbonat (PC), ABS	
Ökologische Aspekte von Thermoplasten	
Verarbeitung	wenig Energieaufwand bei: Spritzguss, Thermoformen, Trennen, Fügen; teilweise werden Giftstoffe frei
Nutzung des Produkts	Freisetzung von Giftstoffen (z. B. Weichmacher, Chloride) möglich
Verwertung	wenn sauber und weitgehend sortenrein kann geschreddert und neu gespritzt werden, wird dabei aber minderwertiger (stoffliche Verwertung, Downcycling)

Duromere	
Technologische Eigenschaften von Duromeren	
Dichte	0,06 (Schäume), 1,3 ... 2,5 g/cm³
Zugfestigkeit	35 - 220 N/mm²
hart, sehr bruchfest; nur spanabhebende Bearbeitung möglich z. B. Polyuretanharze (PUR), Epoxidharze (EP), Polyesterharze (PU)	
Ökologische Aspekte von Duromeren	
Verarbeitung	wenig Energieaufwand bei: Urformen (Polykondensation), spanabhebende Bearbeitung, Beschichten
Nutzung des Produkts	Freisetzung von Giftstoffen (z. B. Phenole) möglich
Verwertung	schwer recycelbar

Elastomere	
Technologische Eigenschaften von Elastomeren	
Dichte	Styrol-Butadien 1,2 g/cm³ Silikonkautschuk 0,76 bis 1,07 g/cm³
Zugfestigkeit	Styrol-Butadien 22 N/mm²
elastisch, gegen viele Lösungsmittel unempfindlich z. B. Naturgummi (NR), Silikon-Gummi (SIR)	
Ökologische Aspekte von Elastomeren	
Verarbeitung	wenig Energieaufwand bei: Urformen, Fügen, Trennen (Schneiden, Scheren); Stoffeigenschaften ändern
Nutzung des Produkts	Freisetzung von Giftstoffen (z. B. Weichmacher)
Verwertung	schwer recycelbar

5.5 Massivholz und Holzwerkstoffe

Holz entsteht durch das Längen- und Dickenwachstum von Bäumen. Das Wachstum hängt von der Baumart, dem Boden (Nährstoffe) und dem Klima (Wasser und Temperatur) ab. Diese beeinflussen wiederum die Eigenschaften des Holzes.

5.5.1 Ökologische Aspekte

Gewinnung

Holz ist ein nachwachsender Rohstoff. Trotzdem kann die Holzgewinnung problematisch sein. Übermäßige Abholzung, versäumte Wiederaufforstung, Plantagenwirtschaft in Monokulturen oder Bodenverdichtung beschreiben das Spannungsfeld und zeigen, dass die Holzgewinnung ökologisch bedenklich sein kann. Besonders zeigt sich das bei Tropenhölzern durch Abholzung der Regenwälder oder durch die Holzgewinnung für die Papierindustrie durch Abholzen der großen kanadischen Urwälder.

Geschlossener CO_2-Kreislauf

Bei ihrem Wachstum holen Bäume durch Photosynthese Kohlendioxid (CO_2) aus der Luft und speichern den Kohlenstoff (C) im Holz. Durch die Bindung von CO_2 reduzieren Bäume die Erderwärmung und den Treibhauseffekt.

Bei der Verrottung oder Verbrennung des Holzes wird der Kohlenstoff wieder als CO_2 freigesetzt. Daher ist Holz ein CO_2-neutraler Werkstoff. Nachhaltig angebautes Holz hat eine gute Ökobilanz.

Verarbeitung

Massivhölzer werden vor der Verarbeitung mit hohem Energieaufwand in der Trockenkammer getrocknet. Bei der Verarbeitung von Massivholz oder Holzwerkstoffen wird wenig Energie für das Betreiben der Maschinen (z. B. Sägen, Hobeln, Fräsen, Bohren, Schleifen) benötigt. Bei spanender Bearbeitung ist wegen des Holzstaubs eine Absaugung und Filterung der Abluft notwendig.

Bei der Oberflächenbearbeitung (Einwachsen, Einölen, Lackieren) werden evtl. umweltschädliche Lösungsmittel freigesetzt.

Nutzung

Die Nutzung aus Holz gefertigter Produkte ist ökologisch unbedenklich. Pflegemittel für Holzoberflächen oder neue Schutzschichten zum Witterungsschutz (z. B. Lacke, Öle, Wachse) könnten durch deren Lösungsmittel aber die Umwelt belasten.

5.5.2 Massivholz

Massivholz sind als Balken, Leisten oder Bretter zurechtgesägte Baumstämme.

Unterschieden werden:

- nach der Baumart:
  - Nadelhölzer von Nadelbäumen
    z. B. Fichten-, Tannen-, Kiefernholz
  - Laubhölzer von Laubbäumen
    z. B. Eichen-, Buchen-, Birkenholz

- nach der Festigkeit der Hölzer:
  - Harthölzer
    z. B. Buchen-, Eichenholz
  - Weichhölzer
    z. B. Fichten-, Tannen-, Balsaholz

Massivholz	
Technologische Eigenschaften von Massivhölzern	
Dichte	$0,5 - 1,1$ g/cm^3
Zugfestigkeit	$80 - 180$ N/mm^2 axial
Ökologische Aspekte von Massivhölzern	
Verwertung – stofflich	• Wiederverwendung im privaten Bereich • bei großen Mengen auch Recycling sinnvoll • kompostierbar wenn roh, gewachst oder geölt
Verwertung – energetisch	thermisch verwertbar; geschlossener CO_2-Kreislauf, d. h., beim Wachstum gebundenes CO_2 wird wieder frei
Deponierung	verrottet

Eigenschaften

Die Eigenschaften von Massivholz sind durch den Wuchs richtungsabhängig. Die Festigkeit oder das Verhalten bei Feuchtigkeitsänderungen unterscheiden sich in Längs- und Querrichtung.

Holz nimmt Feuchtigkeit aus der Umgebung auf und gibt diese bei Trockenheit wieder ab. Die Holzfeuchtigkeit gleicht somit das Umgebungsklima aus. Die Feuchtigkeitsänderungen des Holzes rufen eine Längen-, Breiten- und Höhenänderung hervor: das Holz arbeitet.

Anmutung

Bei der Holzauswahl sind neben den technologischen Eigenschaften die sinnlich erfahrbaren Eigenschaften – die Anmutung – wichtig. Textur, Maserung und Farbe, aber auch Haptik und Geruch beeinflussen die Auswahl.

Massivhölzer werden gerne im Wohnbereich (Möbel und Innenausbau) oder bei Produkten eingesetzt, die direkt mit der Hand berührt werden (Griffsituationen, Griffgefühl).

5.5.3 Holzwerkstoffe

Bei den Holzwerkstoffen wird versucht, die negativen Eigenschaften von Massivholz zu reduzieren und die positiven

beizubehalten. Dazu wird Holz zerkleinert und neu zusammengefügt. Unterschieden werden:

Vollholzwerkstoffe

Bretter (Leimholzplatten) oder Leisten (Tischlerplatten) werden miteinander verklebt. Durch die unterschiedliche Lage der verklebten Hölzer kann das Arbeiten des Holzes reduziert werden. Die Stabilität ist aber immer noch von der Wachstumsrichtung abhängig.

Furnierwerkstoffe

Dünne vom Baumstamm abgeschälte Furnierblätter werden verklebt:

- Furnierschichtholz
  Durch die im Faserverlauf verklebten Furniere bleiben die Eigenschaften des Bretts richtungsabhängig.
- Furniersperrholz (Multiplexplatten)
  Durch querverleimte Furniere erhält es eine hohe Formbeständigkeit. Durch die querverleimten Schichten gleicht sich das Arbeiten des Holzes weitgehend aus – es ist gesperrt. Die Eigenschaften des Bretts sind weitgehend richtungsunabhängig.

Pfeffermühle „Ceramill Nature", Metz & Kindler für WMF

Aus Eichenholz, Edelstahl mit Keramik-Mahlwerk

„Die Ameise", Arne Jacobsen für Fritz Hansen

Sitzschale aus formgepresstem Furnier

Lounge Chair, Ray und Charles Eames für Vitra

Ray und Charles Eames entwickelten eine Technik, Furnierwerkstoffe dauerhaft in freie organische Formen zu bringen, ohne dass der Werkstoff reißt.

Holzspanwerkstoffe

Auch Flachpressplatte oder Spanplatte genannt, werden aus Holzspänen, Kunstharzleim und Additiven (Zusätze) unter Druck und Wärme hergestellt.

Holzfaserwerkstoffe

Werden aus Sägespänen, Resthölzern oder holzfaserhaltigen Pflanzen (z. B. Raps oder Flachs) hergestellt, indem die Holzfasern verfilzt werden. Teilweise werden auch Klebstoffe als Bindemittel eingesetzt.

Richtungsunabhängigkeit der Holzspan- und Holzfaserwerkstoffe

Bretter der Holzspanwerkstoffe und Holzfaserwerkstoffe haben durch die willkürliche Lage der Holzspäne bzw. der Holzfasern in der Plattenebene (Länge und Breite) die gleichen Eigenschaften. Das macht sie zu einem hervorragenden Werkstoff, der richtungsunabhängig ausgesägt und bearbeitet werden kann (erleichtert Zuschnitt und optimale Nutzung der Bretter).

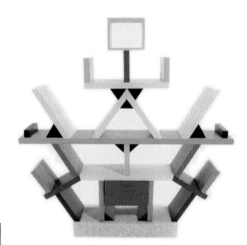

Regal „Carlton", Ettore Sotsass für Memphis
Kunststofflaminat auf Holz, Regal zerlegbar

Tischleuchte „Tahiti", Sottsass für Memphis
Kunststofflaminat und emailliertes Metall

Holzwerkstoffe – Furnierschichtholz und Sperrholz (Multiplexplatten ...)	
Technologische Eigenschaften von Furnierschichtholz und Sperrholz	
Dichte	0,5 - 0,9 g/cm³
parallel bzw. kreuzweise übereinander gelegte Furnierblätter und unter Wärmeeinwirkung gepresst; hohe Belastung bei dünnen Querschnitten möglich; Möbel-, Fahrzeug- und Bootsbau sowie als Verpackungsmaterial	
Holzwerkstoffe – Flachpressplatten (Spanplatten)	
Technologische Eigenschaften von Flachpressplatten (Spanplatten, MDF...)	
Dichte	0,5 - 0,9 g/cm³
Zugfestigkeit	6 - 10 N/mm² flach
Stärke: 8, 10, 13, 16, 19, 22, 25, 28, 35 und 40 mm; unterschiedlich große Späne in zumeist drei bis fünf Schichten verleimt und verpresst; äußere Schichten fast immer aus feinerem Spanmaterial; in Richtung der Plattenebene (Länge und Breite) nahezu die gleichen Eigenschaften; wesentlich geringere Festigkeiten als Massivholz	
Ökologische Aspekte von Holzwerkstoffen	
Gewinnung des Werkstoffs	Holzgewinnung vgl. Vollholz, ökologische Aspekte wie Energieeinsatz und Umweltbeeinträchtigungen sind gegenüber Vollholzeinsatz problematischer. Holzwerkstoffe werden durch Verkleben von Furnierschichten (Furnierwerkstoffe), Spänen (Spanplatten) oder Holzfasern (Holzfaserwerkstoffe) hergestellt.
Verwertung	schwer recycelbar durch Kunstharzanteile, bedingt thermisch verwertbar (Filteranlagen notwendig wegen Kunstharzanteilen); geschlossener CO_2-Kreislauf, d. h., gebundenes CO_2 wird wieder frei
Deponierung	ggf. kann Holzanteil mit der Zeit verrotten

5.6 Verbundwerkstoffe

Bei einen Verbundwerkstoff sind zwei oder mehrere Werkstoffe mit unterschiedlichen Eigenschaften zu einem neuen Werkstoff fest miteinander verbunden. Die Eigenschaften der einzelnen Werkstoffe bleiben erhalten, ergeben aber im Verbund neue Eigenschaften. Die für den Verwendungszweck positiven Eigenschaften dominieren, die negativen treten zurück.

Hartmetalle spielen in der Produktgestaltung eine untergeordnete Rolle.

5.6.1 Ökologische Aspekte

Ökologisch sind viele Verbundwerkstoffe sehr problematisch, da sie nicht oder nur schwer wieder trennbar sind. Bei faserverstärkten Kunststoffen können die Glas- bzw. Kohlefasern nicht mehr vom Kunststoff getrennt werden. Werden diese Stoffe geschreddert, vermahlen oder spanend verarbeitet, zerbrechen die Fasern und können in die Umwelt gelangen. Diese Fasern stehen im Verdacht, krebserregend zu sein.

5.6.2 Faserverstärkte Kunststoffe

Glasfaserverstärkte Kunststoff
Sehr stabile, aber auch sehr spröde Glasfasern werden in einem deutlich weniger stabilen, aber zähen Kunststoff eingebettet – glasfaserverstärkte Kunststoffe (GFK) sind sehr stabil und zäh. GFK wird für Karosserieteile, Fronten von Lokomotiven, Möbel oder auch für Gehäuse von stark strapazierbaren hochwertigen Elektrowerkzeugen verwendet.

Kohlenstofffaserverstärkte Kunststoffe
Kohlenstofffaserverstärkter Kunststoff (CFK) – häufig als Karbon bezeichnet – wird immer häufiger verarbeitet. Die im Vergleich zu Glasfasern deutlich leichter, aber auch teureren Kohlenstofffasern werden in Duromere eingebettet. Früher nur in Hightechbereichen wie Flugzeugbau oder für Formel-1-Rennwagen verwendet, finden sich CFK-Bauteile immer mehr bei alltäglichen Konsumgütern wie z. B. Tennis- oder Golfschläger, Lenker und Rahmen von Rennrädern oder Mountainbikes.

Karosserieteil aus CFK

5.6.3 Strukturverbund

Pkw-Stoßfänger sind ein typisches Beispiel für Verbundwerkstoffe, bei dem die positiven Eigenschaften der verwendeten Werkstoffe hervortreten. Die aus einem elastischen faserverstärkten Thermoplast bestehende Außenhaut nimmt kleine Stöße auf, der Polyurethanschaumstoff im Innern baut durch Verformung größere Aufprallenergie ab und der Stahlkern leitet die verbliebenen Aufprallkräfte auf den Fahrzeugrahmen.

5.6.4 Schichtverbund

Laminate oder beschichtete Spanplatten sind ebenfalls Verbundwerkstoffe. Küchenarbeitsplatten bestehen häufig aus einer preiswerten dicken Spanplatte, einer Beschichtung aus Melamin-Hochdrucklaminat und die Kanten sind mit Polypropylen beschichtet. Somit sind die Platten relativ stabil und weitgehend verzugsfrei, die Oberfläche aber hart und bis ca. 150°C hitzebeständig.

„Air-Chair", Jasper Morrison für Magis
Glasfaserverstärktes Polypropylen, stabil und für den Außenbereich geeignet

Beschichtete Spanplatte

Küchenarbeitsplatte
Spanplatte beschichtet mit Melamin-Hochdrucklaminat

5.7 Weitere Werkstoffe

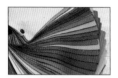

Leder, gefärbt

Nachfüllbarer Textmarker aus Flüssigholz

Schale aus Flüssigholz

Lautsprecherbox aus Flüssigholz

5.7.1 Anorganische Werkstoffe

Anorganische nichtmetallische Werkstoffe sind z. B.

- natürliche Werkstoffe – Steine, Mineralien, Edelsteine
- künstliche Werkstoffe – Keramik, Porzellan, Glas, Gips, Beton

5.7.2 Organische Werkstoffe

Neben Kunststoffen, Hölzern und Holzwerkstoffen sind z. B. Leder, Wolle, Kork, Baumwolle weitere organische Stoffe.

5.7.3 Neue Werkstoffe

Aus technologischen und ökologischen Gründen werden immer wieder neue Werkstoffe entwickelt. Produktdesigner haben hier die Aufgabe, auch diese neuen Werkstoffe zu kennen und sie mit ihren Möglichkeiten zielgerichtet und verantwortungsvoll einzusetzen.

Bio-Polymere – Flüssigholz

Dieser Werkstoff aus Lignin und Zellulose kann mit Kunststoffverarbeitungsverfahren wie Thermoplaste verarbeitet werden (z. B. Spritzguss, Extrusion, Tiefziehen). Lignin, das in der Pflanzenzelle für das Verholzen verantwortlich ist, wird in der Papierherstellung als Abfallprodukt bisher noch häufig thermisch entsorgt. Zellulose ist der Hauptbestandteil pflanzlicher Zellwände und auch Hauptbestandteil von Papier und Karton.

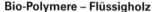

Vorteile von Flüssigholz
<ul><li>geschlossener CO_2-Kreislauf</li><li>Schonung fossiler Ressourcen (Erdöl)</li><li>Verarbeitung und Verwendung wie Thermoplaste</li><li>recycelbar, thermisch verwertbar, biologisch abbaubar</li></ul>

Verdichtetes Holz

In einem zweistufigen Verfahren wird Holz gut zehnmal stabiler und härter als zuvor. Die mechanischen Eigenschaften von verdichtetem Holz sind besser als die von Stahl oder Metalllegierungen.

Holz wird in einem heißen Bad aus Ätznatron und Natriumsulfit behandelt. Dabei wird das Lignin und die Hemizellulose aus den Zellwänden entfernt. Die Zellulosefasern des Holzes bleiben unverändert. Im zweiten Schritt wird das Holz bei 100°C seitlich zusammengepresst. Durch den Druck senkrecht zur Wachstumsrichtung verdichten sich die Hohlräume in der Holzstruktur. Die Dichte erhöht sich auf das Dreifache, das Holz schrumpft auf ca. 20 % seiner ursprünglichen Stärke.

Vorteile von verdichtetem Holz
<ul><li>geschlossener CO_2-Kreislauf</li><li>bleibt bei Feuchtigkeit stabil</li><li>Verwendung für konstruktive Bauteile mit hoher Belastung</li><li>thermisch verwertbar</li></ul>

Nachteile von verdichtetem Holz
<ul><li>bei Deponierung biologisch schwer abbaubar</li></ul>

Mykoholz

Laubholz wird durch einen Kulturpilz durchwachsen. Das dadurch entstehende Mykoholz ist spannungsarmer und dadurch verzugsfreier, weicher, leichter und einfacher zu bearbeiten. Aus Mykoholz werden z. B. Bleistifte hergestellt. Es wird auch als Modellbauwerkstoff eingesetzt.

Vorteile von Mykoholz
<ul><li>geschlossener CO_2-Kreislauf</li><li>leicht zu bearbeitender, spannungsarmer und verzugsfreier Modellbauwerkstoff</li><li>thermisch verwertbar, biologisch abbaubar</li></ul>

5.8   Aufgaben

1 Werkstoffauswahl erläutern – Härte

Die Härte eines Werkstoffs kann ein wichtiges Auswahlkriterium sein. Nennen und erläutern Sie an einem selbstgewählten Produkt die Wichtigkeit der Härte des Werkstoffs.

2 Gewicht schätzen

Schätzen Sie das Gewicht von 1000 Stahlkugeln mit 1 mm Durchmesser.

g,   kg

3 Werkstoff für Gehäuse eines Fahrkartenautomaten auswählen

Wählen Sie für die Massenfertigung eines Fahrkartenautomaten einen geeigneten Werkstoff. Begründen Sie Ihre Wahl.

4 Produkt aus verdichtetem Holz konzipieren

Um die Vorteile von verdichtetem Holz zu zeigen, sollen Sie ein Produkt entwickeln.
a. Nennen Sie das Produkt.
b. Erläutern Sie Ihre Überlegungen.

a)

b)

5 Kunststoffe unterscheiden

Kunststoffe werden in drei Gruppen unterschieden.
a. Nennen Sie die drei Gruppen.
b. Nennen Sie jeweils zwei passende Kunststoffe.
c. Erläutern Sie die unterschiedlichen Eigenschaften der drei Gruppen.

a)

b)

c)

a)

b)

c)

a)

b)

c)

6.1 Mechanische Bearbeitungsverfahren

In der Praxis werden Fertigungsverfahren in zwei Systeme strukturiert:
- mechanische Bearbeitungsverfahren
- Fertigungsverfahren nach DIN 8580

Mechanische Bearbeitungsverfahren von Werkstücken, z. B. beim Modellbau, können unterschieden werden nach:
- additiven Fertigungsverfahren
- subtraktiven Fertigungsverfahren
- umformenden Fertigungsverfahren

6.1.1 Additive Fertigungsverfahren

Ein Werkstück entsteht durch Hinzufügen von weiterem Werkstoff oder weiterer Bauteilen (addieren).

Beispiele:
Schrauben, Nieten, Löten, Schweißen, Kleben, viele generative Fertigungsverfahren (vgl. Kapitel 8 *3D-Druck*)

6.1.2 Subtraktive Fertigungsverfahren

Bei der Bearbeitung des Werkstücks wird Werkstoff partiell oder in ganzen Bereichen entfernt (subtrahieren).

Beispiele:
Feilen, Fräsen, Bohren, (Ab-)Sägen, (Ab-)Schneiden, (Ab-)Schleifen, Laserschneiden, Hobeln

6.1.3 Umformende Fertigungsverfahren

Ein Werkstück wird durch äußere Kräfte in seiner Form verändert (umformen) und behält diese Form nach der Wegnahme der Kraft bei. Dabei werden weder Teile entfernt noch ergänzt.

Beispiele:
Biegen, Abkanten, Falzen, Verdrehen, Dehnen, Strecken, Schmieden, Bugholzverfahren, Tiefziehen

6.1.4 Beispiel – Thonet Stuhl Nr. 14

Die Einteilung der drei mechanischen Fertigungsverfahren lässt sich am „Stuhl Nr. 14" von Thonet gut aufzeigen.

A Additive Fertigungsverfahren
Verschraubung der sechs Einzelteile durch 10 Schrauben und zwei Muttern

B Subtraktive Fertigungsverfahren
Verjüngung der Beinenden

C Umformende Fertigungsverfahren
Bugholzverfahren zur Herstellung der Holzteile (mit Hilfe von Wasserdampf werden Buchenholzstäbe gebogen)

© Springer-Verlag GmbH Deutschland, ein Teil von Springer Nature 2019
P. Bühler et al., *Produktdesign*, Bibliothek der Mediengestaltung,
https://doi.org/10.1007/978-3-662-55511-8_6

6.2 Fertigungsverfahren nach DIN 8580

Die Einteilung in die mechanischen Bearbeitungsverfahren stellt die Bearbeitung von Werkstücken anschaulich dar, erfasst durch die Einschränkung auf mechanische Verfahren aber nicht alle Verfahren, so z. B.:

- Die Entstehung von Werkstücken durch Gießen oder Extrudieren
- Die Verbesserung der Korrosionsbeständigkeit von Werkstücken durch Verzinken oder Lackieren
- Die Veränderung der mechanischen Eigenschaften von Werkstücken durch Härten oder Anlassen

Hauptgruppen

Die Einteilung der Fertigungsverfahren nach DIN 8580 gliedert deshalb die Fertigungsverfahren in sechs Hauptgruppen: Urformen, Umformen, Trennen, Fügen, Beschichten und Stoffeigenschaft ändern. Diese werden nachfolgend erläutert.

Die DIN 8580 bildet schwerpunktmäßig Fertigungsverfahren der Metallverarbeitung ab. Aber auch urformende Fertigungsverfahren, wie z. B. das Papierschöpfen/-sieben, oder umformende Fertigungsverfahren, wie z. B. das Blasformen von Glas, werden berücksichtigt.

Die Fertigungsverfahren nach DIN 8580 können relativ leicht unterschieden werden, wenn folgende Änderungen bezüglich der Form und des Zusammenhalts des Werkstücks beachtet werden:

Form	Zusammenhalt
geschaffen	geschaffen
geändert	vermindert
beibehalten	beibehalten
	vermehrt

6.2.1 Urformen

Beim Urformen werden aus formlosen Stoffen feste Körper bzw. Werkstücke geschaffen. Formlose Stoffe sind Stoffe ohne geometrisch bestimmbare Form z. B. Flüssigkeiten, Pulver, Granulat u. a.

Form	Zusammenhalt
geschaffen	geschaffen

Werkstücke werden urgeformt mit:

- Flüssigkeit z. B. Gießen, SLA
- Stoff im plastischen oder teigigen Zustand z. B. Extrudieren, FDM
- Stoff im pulverförmigen oder körnigen Zustand z. B. Sintern, einige Multi-Jet-Modeling-Verfahren
- Elektrolyten z. B. Galvanoplastik

Beispiel Zitronenpresse „Juicy Salif":
Das dominierende Fertigungsverfahren der Zitronenpresse Juicy Salif ist das Urformen durch den Aluminiumguss.

Weitere Fertigungsverfahren sind das Abtrennen der Gusskanäle, das Versäubern der Gusskanalreste und Gussgrate durch Schleifen sowie die Oberflächenbearbeitung (je nach Variante der Zitronenpresse: Schleifen, Polieren, Beschichten u. a.).

Exkurs generative Fertigungsverfahren

Die modernen generativen Fertigungsverfahren werden in der aktuellen DIN 8580 noch nicht aufgeführt, werden in der Fachwelt aber überwiegend dem Urformen zugeordnet (vgl. Kapitel 8 *3D-Druck*).

Anmerkung zu Modellbautechniken

Informationen zu Modellbautechniken finden Sie im anschließenden Kapitel 7 *Modellbau*. Zur besseren Übersicht sind dort wichtige Modellbautechniken direkt mit den entsprechenden Modellbauwerkstoffen beschrieben.

Zitronenpresse „Juicy Salif", Philippe Starck für Alessi

Urformen – Aluminiumguss

„Cylindro" Schreibtisch Ordnungssystem, Rolf Huber

- Gussform für Beton-Grundkörper
- Verbindungselemente (3D-Druck)

6.2.2 Umformen

Beim Umformen werden feste Körper durch äußere Krafteinwirkung dauerhaft in ihrer Form verändert.

Form	Zusammenhalt
geändert	beibehalten

Beim Umformen werden nach Art der Krafteinwirkung folgende Umformungen unterschieden:
- Zugumformung z. B. Weiten, Strecken
- Druckumformung z. B. Prägen, Walzen
- Zug-Druckumformung z. B. Tiefziehen, Thermoformen
- Biegeumformung z. B. Biegen, Abkanten
- Schubumformung z. B. Verdrehen

Beispiel Stahlrohr-Freischwinger:
Das dominierende Fertigungsverfahren des „Stahlrohr-Freischwingers S 533" ist das Umformen durch Biegen der Stahlrohre.
    Weitere Fertigungsverfahren sind das Versäubern und die Oberflächenbearbeitung der Metallteile sowie Fügetechniken, wie das Nähen des Leders oder das Montieren der Einzelteile.

6.2.3 Trennen

Beim Trennen werden feste Körper dauerhaft getrennt und damit in der Form geändert.

Form	Zusammenhalt
geändert	vermindert

Beim Trennen wird nach Art des Trennwerkzeugs unterschieden:
- Spanen mit geometrisch bestimmten Schneiden z. B. Sägen, Hobeln, Feilen, Bohren
- Spanen mit geometrisch unbestimmten Schneiden z. B. Schleifen
- Zerteilen z. B. Scherschneiden, Stanzen, Laserschneiden, Wasserstrahlschneiden, Abtragen (Funkenerosion u. a.)
- Zerlegen z. B. Auseinanderbauen, Auseinanderschrauben, Demontieren

Beispiel Tablett Girotondo:
Das dominierende Fertigungsverfahren ist das Trennen durch Stanzen der Außenform und der Figuren und das Schleifen der Oberfläche.
    Weitere Fertigungsverfahren sind das Umformen durch Auftiefen der Gesamtform.

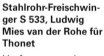

Stahlrohr-Freischwinger S 533, Ludwig Mies van der Rohe für Thonet
Umformen – gebogenes Stahlrohr

Tablett „Girotondo", Designer: King-Kong für Alessi
Trennen – ausgestanzte Figuren

6.2.4 Fügen

Beim Fügen werden zwei oder mehrere Werkstücke miteinander verbunden.

Form	Zusammenhalt
geändert	vermehrt

Beim Fügen wird unterschieden nach Art der Verbindung:
- unlösliche Verbindungen z. B. Hart- und Weichlöten, Schweißen, Nieten, Kleben
- lösliche Verbindungen z. B. Schrauben, Einhängen, Zusammensetzen

Beispiel Hocker „Sgabillo":
Die dominierenden Fertigungsverfahren beim Hocker „Sgabillo" sind das Fügen durch Verleimen der Bauelemente. Das Trennen durch Sägen der Bauelemente oder Fräsen der Holzzinken oder das Schleifen der Oberfläche sind weitere Fertigungsverfahren.

Durch die verleimte Zinkenverbindung wird der Hauptteil der auftretenden Kräfte formschlüssig abgeleitet und entlastet dadurch die Verleimung.

6.2.5 Beschichten

Beim Beschichten wird auf einem Werkstück aus formlosen Stoffen eine festhaftende Schicht aufgebracht. Dies dient häufig dem Korrosionsschutz oder der Farbgestaltung.

Form	Zusammenhalt
beibehalten	vermehrt

Werkstücke werden beschichtet mit:
- festen Stoffen z. B. Pulverbeschichten
- flüssigen Stoffen z. B. Lackieren
- gas- oder dampfförmigen Stoffen z. B. Aufdampfen
- Elektrolyten z. B. Verchromen, Vergolden, Eloxieren

Beispiel „Panton Chair":
Die dominierenden Fertigungsverfahren beim Panton Chair sind Urformen und Beschichten. Die Originalstühle wurden 1968 von Vitra in PU-Schaum geschäumt und anschließend lackiert.

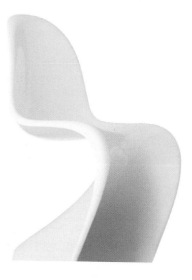

Hocker „Sgabillo",
Max Bill für HfG Ulm,
1950, heute produ-
ziert von Zanotta

Fügen – Verbindung
durch Holzzinken

„Panton Chair", Verner
Panton für Vitra

Beschichten – PU-
Schaum lackiert

6.2.6 Stoffeigenschaft ändern

Die Eigenschaften eines Werkstücks werden im festen Zustand verändert durch
- Aussondern,
- Verlagern oder
- Einbringen

von Stoffteilen.

Form	Zusammenhalt
beibehalten	vermindert beibehalten vermehrt

Beim Ändern von Stoffeigenschaften werden folgende Änderungen des Zusammenhalts unterschieden:
- vermindert z. B. Entkohlen (Entziehen von Kohlenstoff aus dem festen Werkstück)
- beibehalten z. B. Härten, Anlassen (Ändern der inneren Gitterstruktur des Stahls)
- vermehrt z. B. Aufkohlen, Nitrieren (Einbringen von Kohlenstoff bzw. Stickstoff in das feste Werkstück)

Beispiel Messerklinge des Kochmessers Grand Gourmet Damasteel:
Das dominierende Fertigungsverfahren bei der Herstellung der Messerklinge ist das Härten und Anlassen.
Weitere Fertigungsverfahren sind das Umformen durch Schmieden und Trennen durch Schleifen der Messerklinge.

Kochmesser Grand Gourmet Damasteel, WMF
Stoffeigenschaftsänderungen – gehärtete Stahlklinge

6.2.7 Auswahl von Fertigungsverfahren und Werkstoffen

Es gibt keine feste Regel, ob zuerst der Werkstoff oder zuerst das Fertigungsverfahren gewählt und festgelegt wird.

Wenn z. B. ein transparentes Produkt gewünscht wird, das zudem stabil, aber nicht spröde sein soll, empfiehlt sich Kunststoff und eben nicht Holz, Metall oder Glas.

Wenn der Auftraggeber eine Fertigung mit Kunststoffspritzgussmaschinen hat und deren Einsatz wünscht, muss der Designer dies bei seinen Entwürfen berücksichtigen.

Allerdings können Designer in Absprache mit ihren Auftraggebern Optimierungen bzgl. Werkstoffe und Fertigungsverfahren vornehmen.

Stuhl „Medici", Konstantin Grcic für Mattiazzi
Holz: amerikanisches Walnuss, Douglasie (natur sowie in grau oder gelb) oder wärmebehandelte Esche (für den Außenbereich geeignet)

6.3 Aufgaben

1 Beispiele für mechanische Fertigungsverfahren nennen

Nennen Sie Beispiele für:
a. Additive Fertigungsverfahren

b. Subtraktive Fertigungsverfahren

c. Umformende Fertigungsverfahren

3 Fertigungsverfahren nach DIN 8580 zuordnen

Erläutern Sie anhand der links abgebildeten Stühle die bei der Produktion verwendeten Fertigungsverfahren nach DIN 8580.

2 Vorteil von umformenden Fertigungsverfahren erläutern

Erläutern Sie einen Vorteil von umformenden Fertigungsverfahren.

4 Änderung des Zusammenhalts bei Fertigungsverfahren nach DIN 8580 zuordnen

Kreuzen Sie in untenstehender Tabelle die richtigen Aussagen an. Mehrfachnennungen sind möglich.

Bei den Fertigungsverfahren nach DIN 8580 wird der Zusammenhalt:					
Urformen	Umformen	Trennen	Fügen	Beschichten	Stoffeigenschaft ändern
o geschaffen	o geschaffen	o geschaffen	o geschaffen	o geschaffen	o geschaffen
o vermindert	o vermindert	o vermindert	o vermindert	o vermindert	o vermindert
o beibehalten	o beibehalten	o beibehalten	o beibehalten	o beibehalten	o beibehalten
o vermehrt	o vermehrt	o vermehrt	o vermehrt	o vermehrt	o vermehrt

7.1 Vom Modell zum Prototyp

Zweck des Modellbaus in der Produktgestaltung ist die Erstellung von räumlichen Modellen.

Die Fertigung der Modelle kann nach Art der Modellbauverfahren, den Fertigungstechniken oder den Modellbauwerkstoffen unterschieden werden. Der klassische Modellbau wird heute mit generativen Fertigungsverfahren kombiniert oder teilweise von diesen verdrängt.

Je nach Zweck werden verschiedene Arten von Modellen unterschieden.

7.1.1 Vormodell – Studien

Vormodelle werden in der Anfangsphase von Projekten erstellt. Sie dienen dazu, die ersten Ideen und Varianten schnell zu visualisieren und räumlich zu zeigen. Sie müssen nicht maßstäblich sein und auch keine Details darstellen. Die Proportionen stimmen weitgehend.

Es werde einfach und schnell zu bearbeitende Werkstoffe verwendet, die nicht den späteren Werkstoffen des Produkts entsprechen müssen.

Die Vormodelle dienen zu Formstudien, als Kommunikationsmittel im Designteam und für Zwischenpräsentationen beim Kunden.

7.1.2 Vorführmodell – Mockup

Ein Mockup sieht so aus wie das spätere Produkt. Es kann noch skaliert, also maßstäblich verkleinert oder vergrößert sein. Die Proportionen stimmen und Details sind dem Maßstab entsprechend ausgearbeitet. Das Mockup muss aber nicht genauso funktionieren wie das spätere Produkt.

Die Vorführmodelle helfen bei Entscheidungen im Gestaltungsprozess, dienen als Kommunikationsmittel mit dem Kunden und zur Präsentation z. B. auf Ausstellungen und Messen.

7.1.3 Funktionsmodell

Funktionsmodelle sind vereinfachte Nachbildungen von Produkten mit denen die wichtigsten Funktionen des Originals überprüft werden können.

Vor allem bei neuen Funktions- und Bedienungsmöglichkeiten dienen sie dazu, die Funktion und Tauglichkeit zu überprüfen.

7.1.4 Prototyp

Prototypen sind funktionsfähige Modelle, die sich im Idealfall nicht mehr vom später industriell hergestellten Produkt unterscheiden. Die Form, die Proportionen, der Maßstab, die Oberflächen und Farben, aber auch die Details, die Funktionen und häufig auch die Werkstoffe entsprechen bereits dem späteren Produkt.

7.1.5 Designfreeze

Ein Designfreeze ist eine Mischung von Vorführmodell, Funktionsmodell und Prototyp.

Ein Designfreeze sieht aus wie das endgültige Produkt. Sowohl die Form, die Proportionen, der Maßstab, die Oberflächen und Farben als auch die Details stimmen mit dem späteren Produkt überein. Funktionen können teilweise ausgeführt sein. Die Werkstoffe des Modells sind teilweise andere als die des späteren Produkts.
Ein Designfreeze steht am Ende des Gestaltungsprozesses. Der Auftraggeber genehmigt das Design und das später gefertigte Produkt muss genau so aussehen und sich gleich anfühlen.

© Springer-Verlag GmbH Deutschland, ein Teil von Springer Nature 2019
P. Bühler et al., *Produktdesign*, Bibliothek der Mediengestaltung,
https://doi.org/10.1007/978-3-662-55511-8_7

Beispiel Designfreeze im Automobil-design:

Der hohe Aufwand eines Designfreeze wird in der Regel nur für komplexe Produkte wie z. B. für Automobile praktiziert, damit der Vorstand eines Automobilherstellers das Design eines neuen Fahrzeugs freigibt. Das Designfreeze sieht bereits aus wie das spätere Produkt, echte Felgen mit Reifen, Fenster, Scheibenwischer usw. sind montiert. Die Türen können geöffnet und im Fahrzeug kann Platz genommen werden. Der Fahrersitz und das Lenkrad können in der richtigen Position eingestellt, die Bedienelemente betätigt werden. Von außen und innen ist ein umfassender ganzheitlicher Eindruck des Fahrzeugs möglich, ohne dass es Motor, Getriebe, Fahrwerk oder Steuerelektronik hat.

7.1.6 Modellbauverfahren

Die Modellbautechniken werden wie die mechanischen Bearbeitungsverfahren in drei Gruppen eingeteilt und in der Praxis häufig miteinander sowie auch mit generativen Fertigungsverfahren kombiniert.

Additive Verfahren

Das Modell entsteht durch Zusammenfügen von Elementen und Bauteilen (addieren).

Additive Modellbauverfahren werden häufig mit subtraktiven oder plastischen Modellbauverfahren kombiniert. So werden z. B. Einzelteile aus Polystyrol ausgeschnitten, Holz gesägt, Drähte und Bleche werden gebogen. Dann werden diese Einzelteile durch z. B. Zusammenstecken, Verkleben, Verschrauben oder Vernieten zu einem Modell zusammengefügt. Mit additiven Modellbauverfahren können sowohl relativ einfache Vormodelle, wie auch komplexe Endmodelle, entstehen.

Typische Modellbauwerkstoffe:
Papiere, Pappen, Hölzer, Holzwerkstoffe, Kunststoffe, Metalle, Verbundwerkstoffe (Leichtschaumplatten)

Subtraktive Verfahren

Bei der Erstellung des Modells wird partiell Werkstoff abgetragen oder ganze Bereiche werden entfernt (subtrahieren).

Subtraktive Modellbauverfehren werden teilweise eigenständig, aber auch kombiniert, mit anderen Modellbauverfahren angewendet. So können Vormodelle und Formstudien schnell durch Zuschneiden, Raspeln und Schleifen von Modellbauschaum erstellt werden. Andererseits können durch z. B. Bohren, Fräsen, Drehen auch sehr detaillierte Einzelteile hergestellt werden, die mit anderen Einzelteilen zu einem komplexen, hochdetaillierten Modell zusammengefügt werden.

Typische Modellbauwerkstoffe:
Hölzer, Holzwerkstoffe, Schäume, Papiere, Pappen

Plastische Verfahren (Modellieren)

Das Modell wird durch Krafteinwirkung plastisch umgeformt.

Plastische Modellbauverfahren dienen der Modellierung von Freiformflächen. Eine schnelle Formfindung erfolgt mit z. B. Ton oder Plastilin, detaillierte Modelle werden z. B. mit Clay hergestellt.

Typische Modellbauwerkstoffe:
Plastilin, Clay, Ton, Modelliermasse

7.2 Modellbauwerkstoffe und Modellbautechniken

7.2.1 Papier und Pappe – Schneiden, Falzen und Kleben

Papier und Pappe sind Modellwerkstoffe, die einerseits beim Verpackungsdesign, aber auch für Modelle von flächigen Produkten zum Einsatz kommen. Durch Falzen, Wölben, Zusammenstecken oder Zusammenkleben entstehen räumliche Modelle.

Papier und Pappe sind bezüglich Herstellung und Eigenschaften im Band „Druck" aus der *Bibliothek der Mediengestaltung* ausführlich beschrieben.

Schneiden

Papier und Pappe kann mit üblichen Scheren oder für lange gerade Schnitte an der Schlagschere geschnitten werden. Auch das Schneiden mit Schneidemessern – häufig Cutter genannt – ist üblich. Dazu werden noch eine Schneideunterlage/Schneidematte und ein möglichst breites Stahllineal benötigt.

Beim Schneiden sind die Maßnahmen zur Unfallverhütung zu beachten.

Schneiden mit Cuttern – Making of ...

1 Markierungen werden angezeichnet oder nach Konstruktion im Vektorgrafik- oder CAD-Programm aufgedruckt.

2 Legen Sie auf der Schneideunterlage das Stahllineal so an, dass die Markierungen gut zu sehen sind.

3 Schneiden Sie mit dem Schneidemesser entlang des Stahllineals.

Cutter mit Abbrechklinge

Andere Möglichkeiten, im Modellbau Papier oder Pappe zu schneiden, sind Schneideplotter oder Laserschneider. Für beide werden Vektordaten der Schnitte benötigt, die mit gängigen Vektorgrafik- oder CAD-Programmen erstellt werden können. Diese Daten werden dann über die entsprechende Software an die Geräte geschickt.

Falzen

Beim Falzen, also dem scharfen Knicken von Papier oder Pappe, wird zwischen Rillung und Nutung unterschieden.

Bei der Rillung wird das Papier entlang der Falzmarke eingedrückt und anschließend gefalzt.

Bei der Nutung wird entlang der späteren Falzkante Pappe durch (Laser-) Schneiden abgetragen, um das Falzen zu ermöglichen.

Kleben von Papier und Pappe

Papier wird mit handelsüblichen Papierklebstoffen verklebt.

Wenn Papier stumpf, d. h. mit der Papierkante auf eine andere Papierfläche, aufgeklebt werden soll, hält die Klebung wegen der geringen Klebefläche nicht. Daher werden in diesen Fällen Laschen vorgesehen, die dann umgefalzt und flächig verklebt werden.

7.2.2 Leichtschaumplatten – Schneiden und Kleben

Leichtschaumplatten werden für den schnellen Bau von einfachen Modellen mit ebenen Flächen und möglichst rechten Winkeln, wie z. B beim Architekturmodellbau, eingesetzt. Im Messebau und zu Präsentationszwecken werden Fotos auf Leichtschaumplatten aufgeklebt oder Dekorationselemente aus Leichtschaumplatten angefertigt.

Leichtschaumplatten werden in Sandwich-Bauweise hergestellt. Der Kunststoff-Plattenkern besteht aus einem Kunststoff-Hartschaum (je nach Hersteller aus Polyuretan- oder Polystyrolhartschaum), die beidseitigen Deckflächen aus matt gestrichenem, in der Regel weißem Karton.

Werden Leichtschaumplatten vollflächig beklebt oder mit wasserhaltigen Farben beschichtet, muss die Rückseite auch so behandelt werden, da sich die Platte sonst wölben kann.

Leichtschaumplatten lassen sich mit einem Cutter schneiden. Es sind auch spezielle Gerade-, Schräg- oder Kreisschneider erhältlich.

Schneiden von Leichtschaumplatten – Making of ...

1 Zeichnen Sie Schneidemarkierungen an oder übertragen Sie die Zeichnung z. B. durch Durchstechen der Eckpunkte mit einer Nadel.

2 Legen Sie auf der Schneideunterlage das Stahllineal, wie beim Schneiden von Papier oder Pappe beschrieben, an. Beachten Sie die Maßnahmen zur Unfallverhütung.

3 Schneiden Sie mit dem Schneidemesser entlang des Stahllineals

leicht ein. Beim zweiten Durchgang schneiden Sie dann bereits den Hartschaumkern an. Mit dem dritten oder vierten Schnitt trennen Sie die Leichtschaumplatte endgültig durch. Versuche, die Platte auf einmal durchzuschneiden, gehen selbst mit neuen scharfen Schneidemessern meist schief, da der Schaumkern ausreißt.

Kleben von Leichtschaumplatten

Leichtschaumplatten werden mit styroporverträglichen Klebstoffen wie z. B. UHU por oder Tesa Alleskleber verklebt. Bei lösungsmittelhaltigen Klebstoffen oder Farben sollte vorher sichergestellt werden, dass diese den Hartschaumkern nicht anlösen.

Sollen die Platten flächig verklebt werden kann, auch mit doppelseitigem Klebeband gearbeitet werden. Allerdings kann dann nicht, wie bei den langsam abbindenden Klebstoffen, die Lage feinjustiert werden. Dafür ist die Klebestelle aber auch gleich belastbar.

Leichtschaumplatten

Schneidematten

Aluminium-Lineale mit Stahlschnittkante

CNC-Thermosäge FiloCut

Flugzeugmodell aus Hartschaum

7.2.3 Modellbauschäume – Trennen, Thermosägen und Kleben

Modellbauschäume werden für dreidimensionale Modelle verwendet. Modellbauschäume lassen sich einfach thermisch zurechtsägen und dann mit Raspeln, Feilen und Schleifpapier schnell auch in freie organische Formen bringen. So können rasch Formstudien, genaue Modelle oder auch der Unterbau für die Arbeit mit Clay geschaffen werden.

Im Produktdesign werden hauptsächlich Polyuretan- und Polystyrolschäume eingesetzt. Die Modellbauschäume sind von extrem fein- bis mittelporig bzw. in unterschiedlicher Dichte erhältlich. Mittel- bis feinporige PS-Hartschäume wiegen ca. 35 kg/m³, feinporige PUR-Schäume ca. 80 kg/m³ und mikrozellulare bis zu 600 kg/m³. Zur leichteren Unterscheidung in der Modellbauwerkstatt sind die Hartschäume in der Regel unterschiedlich eingefärbt.

Kleben von Modellbauschäumen

Modellbauschäume werden wie Leichtschaumplatten verklebt oder beschichtet. Hartschaumbauteile mit großen flächigen Kontaktstellen können schnell und stabil mit doppelseitigem Klebeband verklebt werden.

Spanende Verarbeitung

Hartschäume können spanend bearbeitet werden, z. B. durch Sägen, Raspeln, Bohren, Fräsen, Schleifen. Wegen der anfallenden Späne und Stäube ist unbedingt eine gute Absaugung notwendig!

Thermosägen

Thermosägen ist ein übliches Verfahren zum Trennen von Modellbauschäumen. Der Hartschaum wird mit einem Heißdraht geschmolzen. Es fallen keine Späne oder Stäube an.

Thermosägen von Modellbauschaum – Making of ...

1 Übertragen Sie die zu sägende Kontur auf den Hartschaumblock.

2 Kontrollieren Sie die Spannung des Schneidedrahtes und stellen Sie ggf. die Spannung nach.
Ist die Spannung zu gering, biegt sich der Draht beim Thermosägen und die Schnittkante wird ungenau. Ist die Spannung zu groß, kann der Draht reißen.

3 Einschalten der Thermosäge

4 Führen Sie den Hartschaumblock gegen den Heißdraht und folgen Sie der zu schneidenden Kontur. Bewegen Sie den Hartschaumblock in einer gleichmäßigen Bewegung und Geschwindigkeit. Bleiben Sie nicht stehen, da der Heißdraht sonst mehr Hartschaum abschmilzt.

CNC-Thermosägen

Im Modellbau werden immer häufiger CNC-gesteuerte Thermosägen (z. B. die in der Ausbildung und an Schulen gerne verwendete FiloCut) eingesetzt.

Die Schneidekontur muss allerdings als 2D-Vektordaten vorliegen und ins Steuerprogramm importiert werden. Die Schneidekontur kann aber auch am systemeigenen Steuerprogramm gezeichnet oder als CNC-Steuerbefehle, den sogenannten G-Code, eingegeben werden.

7.2.4 Plastilin und Clay – Modellieren

Plastilin und Clay (Industrieplastilin) sind verformbare Knet- bzw. Modelliermassen. Sie bestehen aus Wachs, Öl, Füllstoffen (häufig Schwefel) und Farbpigmenten. Plastilin und Clay werden daher mit zunehmender Erwärmung besser formbar. In der Regel ist die Knetmasse wiederverwendbar. Plastilin und Clay sind dauerplastisch, d. h., sie härten nicht aus wie z. B. Ton.

Für Vormodelle und Studien wird gerne Plastilin eingesetzt, da es sich bei Zimmertemperatur gut modellieren lässt. Durch leichtes Erwärmen oder durch Kneten lässt es sich noch leichter formen. Nach Abkühlung hat es wieder seine ursprüngliche Härte.

Wird z. B. für Vorführmodelle ein stabileres Modell benötigt, wird statt Plastilin der härtere Clay eingesetzt. Wichtige Eigenschaften von Clay sind:
- bei Raumtemperatur form- und kantenstabil
- bei 50°C bis 60°C geschmeidig und leicht formbar
- dünner Neuauftrag von zusätzlichem Clay durch gute Haftung möglich, erwärmen und/oder aufrauen verbessern die Verbindung
- beschichtbar mit Lacken auf Wasserbasis, gute Folien- und Tapehaftung
- toxisch unbedenklich
- unlöslich in Wasser, teilweise löslich mit organischen Lösungsmitteln

Modellieren mit Clay

Kleine Modelle können direkt mit Clay modelliert werden. Bei größeren Modellen ist es sinnvoll, den Clay auf eine Unterkonstruktion aus Hartschaum und/oder Holz aufzutragen. Damit wird einerseits mehr Stabilität erreicht und andererseits teurer Clay gespart.

Modellieren mit Clay – Making of ...

1 Erwärmen Sie den Clay vor Beginn der Arbeit ca. 3 Stunden lang in einem Ofen auf ca. 50°C bis 60°C.

2 Bereiten Sie eine Unterkonstruktion aus Hartschaum und/oder Holz vor.

3 Tragen Sie den Clay auf. Nutzen Sie dazu Ihre Hände, Finger oder Modellierhölzer. Achtung! Der Clay ist so heiß, dass Sie sich, je nach eingestellter Temperatur, die Finger verbrennen können!

4 Arbeiten Sie vom Groben zum Feinen. Je wärmer der Clay noch ist, umso leichter lässt er sich formen. Je mehr er abkühlt, umso härter wird er, so dass große Formkorrekturen schwieriger werden, dafür können aber feine Details besser herausgearbeitet werden.

5 Liegen 3D-CAD-Daten vor, kann nach dem Abkühlen das Modell mit einer CNC-Fräse überfräst werden, so dass die Form dem CAD-Modell entspricht.

6 Auf Raumtemperatur abgekühlt glätten Sie das Claymodell mit Ziehklingen. Arbeiten Sie so die endgültige Form, aber auch die Trennfugen und andere Details aus.

7 Lackieren Sie zu Präsentationszwecken das Modell mit Filler (Grundierung zur Oberflächeneinebnung) und anschließend mit Farben auf Wasserbasis oder überziehen Sie es alternativ mit Folien. Um Linien und Kanten besser hervorzuheben, tapen Sie diese mit Klebestreifen.

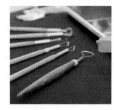

Modellierwerkzeuge

Nacharbeiten und Glätten eines Claymodells

Vorführmodell aus Clay – im Vordergrund Claystangen

7.2.5 Polystyrol – Trennen und Fügen

Polystyrol ist ein klassischer Modellbau-
werkstoff, da er sich leicht schneiden
und gut kleben lässt. Durch seine gute
Bearbeitbarkeit und seine Stabilität und
Zähigkeit eignet er sich für detaillierte
Modelle.

Polystyrolplatten sind in den unterschiedlichsten Stärken und Polysty-
rolstäbe und -rohre in vielen unterschiedlichen Profilen und Dimensionen
erhältlich. Die Wärmebeständigkeit des
Thermoplasts Polystyrol reicht aber nur
bis ca. 70°C.

Durch seine Zähigkeit lässt sich
Polystyrol nicht besonders gut spanend
bearbeiten. Vor allem mit rotierenden
Werkzeugen (Fräsen, Bohren) und
beim Sägen muss durch geeignete
Zahnteilung, Schnittgeschwindigkeit
und Vorschub eine Erwärmung vermieden werden, da das Polystyrol sonst
schmilzt und die Werkzeugschneiden
zuschmiert.

**Schneiden von Polystyrolplatten –
Making of ...**

1 Zeichnen Sie Markierungen an oder
reißen Sie, wie bei der Metallbe-
arbeitung üblich, mit Zirkel und
Anreißnadel an.

2 Legen Sie auf der Schneideunter-
lage das Stahllineal so an, dass die
Markierungen gut zu sehen sind.
Beachten Sie die Tipps und die
Maßnahmen zur Unfallverhütung.

3 Schneiden Sie die Polystyrolplatte
mit dem Schneidemesser entlang
des Stahllineals an. Je nach aufge-
wendetem Druck und Stärke der
Platte wiederholen Sie mehrmals
das Schneiden.

4 Brechen Sie die Polystyrolplatte
entlang der Schnittline ab.

5 Arbeiten Sie mit einer Feile die
Schnitt-/Bruchkante nach.

Sägen von Polystyrol
Polystyrolplatten, die stärker als 2 mm
sind, werden besser z. B. mit einer
Kreissäge gesägt. Dazu sind stark
verschränkte Sägeblätter mit großem
Freischnitt und großem Spanraum
notwendig.

Klebstoffe für Polystyrol
Polystyrol kann mit vielen organischen
Lösungsmitteln angelöst und geklebt
werden. Die Lösungsmittel verdampfen
schnell und bilden leicht entzündliche
Dampf-Luft-Gemische, daher ist gute
Lüftung am Arbeitsplatz notwendig.
Üblich sind:
- *Dichlormethan*
  ist weniger toxisch als andere einfache Organochlorverbindungen,
  durch hohe Flüchtigkeit ist es jedoch
  ein gefährliches Atemgift. Es steht im
  Verdacht, krebserregend zu sein.
- *Toluol*
  ist leichtentzündlich und gesundheits-
  schädlich.
- *Methylethylketon*
  bildet leicht entzündliche Dampf-Luft-
  Gemische. Die Auswirkungen von
  Butanon auf die menschliche Gesund-
  heit und die Umwelt werden derzeit
  geprüft.
- *Dichlorethylen*
  verdampft schnell, die Dämpfe sind
  narkotisierend und bilden mit Luft
  ein explosives Gemisch (Flammpunkt
  2°C, Zündtemperatur 460°C).

Eine Empfehlung zum Einsatz dieser
Lösungsmittel kann wegen der Ge-
sundheitsschädlichkeit nicht gegeben
werden.

Verwenden Sie daher Polystyrolkleb-
stoffe von renommierten Anbietern, die
auch im Hobbymodellbau zum Zusam-
menbau von Modellautos, Modellflug-
zeugen oder Gebäuden für die Modell-
bahn verwendet werden. Beachten Sie
deren Sicherheitshinweise und sorgen
Sie für gute Lüftung am Arbeitsplatz!

Alternativ kann Polystyrol auch mit
Sekundenklebstoffen (Cyanacrylat) ver-
klebt werden. Die Klebeverbindungen
sind aber spröder und daher brüchiger.
Auch Kontaktkleber kann zum flächigen
Verkleben eingesetzt werden.

Flächiges Verkleben von Polystyrol – Making of ...

1 Sorgen Sie beim Kleben von Polystyrol für eine gute Lüftung des
Arbeitsplatzes.

2 Passen Sie die Polystyrolteile genau
aneinander an. Die durch die vorige
Bearbeitung eventuell vorhandenen
Grate entfernen Sie mit einem
Cutter.

3 Verwenden Sie einen dickflüssigen,
weniger schnell verdampfenden
Polystyrolkleber.

4 Bestreichen Sie die kleinere der
beiden Flächen gleichmäßig.

5 Fügen Sie die beiden Flächen zusammen.

6 Legen Sie Ihr Objekt auf eine ebene
Fläche und beschweren Sie es
gleichmäßig. Achten Sie darauf,
dass dabei die Platten nicht zueinander verrutschen.

Punktuelles Verkleben und Kleben ent-lang von Kanten – Making of ...

1 Sorgen Sie beim Kleben von Polystyrol für eine gute Lüftung des
Arbeitsplatzes.

2 Passen Sie die Polystyrolteile genau
aneinander an. Die durch die vorige
Bearbeitung eventuell vorhandenen
Grate entfernen Sie mit einem
Cutter.

3 Wenn Sie dünnflüssigen Polystyrolkleber verwenden:
Fügen Sie Ihre Einzelteile zusammen. Sie können diese mit Vorrichtungen, wie z. B. Klammern oder
Zwingen, fixieren.
Tupfen Sie mit einem Pinsel den
dünnflüssigen Polystyrolkleber an
die Klebefuge. Durch die Kapilar-
wirkung wird dieser in die Fuge
gezogen und löst das Polystyrol an.
Nachdem der Kleber völlig verduns-
tet ist, ist die Klebestelle belastbar.

4 Wenn Sie dickflüssigen Polystyrolkleber verwenden:
Streichen Sie die zu klebenden Kanten oder Punkte mit dem dickflüssigen Polystyrolkleber ein.
Fügen Sie Ihre Einzelteile zusammen. Sie können diese mit Vorrichtungen, wie z. B. Klammern oder
Zwingen, fixieren.
Nachdem der Kleber völlig verduns-
tet ist, ist die Klebestelle belastbar.

Cutter – Skalpell mit Wechselklinge

7.2.6 Massivholz und Holzwerkstoffe – Trennen und Fügen

Holz und Holzwerkstoffe sind als massive Blöcke oder in Bretter-/Plattenform gängige Modellbauwerkstoffe. In der Regel werden Hölzer mit feiner, gleichmäßiger Maserung und ohne Äste eingesetzt, z. B. Linde, Ahorn, Buche, aber auch das sehr weiche Balsaholz.

Im Modellbau werden Holz und Holzwerkstoffe mit den üblichen klassischen Techniken wie z. B. Sägen, Fräsen, Bohren, Schleifen bearbeitet. Je nach Modellgrößen können die Maschinen etwas kleiner ausfallen. So kommen z. B. auch Modellbaukreissägen zum Einsatz, deren Sägeblätter gerade einmal 50 mm Durchmesser haben.

Balsaholz kann besonders leicht und schnell bearbeitet werden. Dünn kann es sogar mit Cuttern geschnitten werden.

Laserschneiden

Da im Gestaltungsprozess häufig bereits CAD-Daten vorliegen, können Modelle aus Platten relativ einfach hergestellt werden, indem die benötigten Flächen aus dünnen Holzplatten lasergeschnitten werden.

Fügen

Holz und Holzwerkstoffe können gut zusammengesteckt, verschraubt und verleimt werden.
Holz und Holzwerkstoffe werden mit Holzleim verklebt. Holzleim ist sowohl wasserlöslich oder wasserfest als auch schnell oder langsam abbindend erhältlich.

Die zu verklebenden Flächen sollten gut aufeinander passen, da Holzleim einen Spalt nicht gut und stabil überbrücken kann. Andererseits darf die Fuge nicht so eng sein, dass der Holzleim weggedrückt wird. Die Stabilität der ausgehärteten Klebung ist von der beschriebenen Fugenbeschaffenheit und dem Anpressdruck beim Abbinden abhängig. Deshalb sollten Holzverleimungen zum Abbinden immer mit Zwingen fixiert werden.

Verleimte formschlüssige Verbindungen sind stabiler als Verbindungen, die nur stumpf verleimt werden.

Geländemodell von A. Utz und T. Stauss für topOgrafic

Wangen und Geländeflächen aus Schichtholz gelasert, gesteckt, verklebt und mit Schrauben gesichert

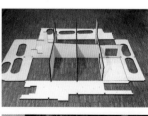

7.3   Aufgaben

1   Modellbauschaum thermosägen

Beschreiben Sie die Arbeitsschritte
beim Thermosägen von Modellbauschaum.

3   Polystyrol kleben

Beschreiben Sie die Arbeitsschritte
beim Kleben von Polystyrolbauteilen an
punktuellen Stellen oder Kanten.

2   Polystyrolplatten schneiden

Beschreiben Sie die Arbeitsschritte
beim Schneiden von Polystyrolplatten.

4   Beschaffenheit von Holzfugen zum
   Verleimen erläutern

Erläutern Sie, wie optimale Leimfugen
zum Kleben von Holz beschaffen sein
müssen.

8.1 Generative Fertigungsverfahren

8.1.1 Einleitung

Generative Fertigungsverfahren sind werkzeuglose Fertigungsverfahren. Die Produktion ist nicht an Werkzeuge wie Spritzgussformen, Drehmeißel, Bohrer o.Ä. gebunden. Es wird lediglich eine Maschine, der 3D-Drucker, benötigt.

Die Fertigung erfolgt direkt auf Basis von CAD-Daten. Das dreidimensionale Werkstück wird direkt aus formlosen oder formneutralen Werkstoffen im 3D-Drucker aufgebaut.

Form der Werkstoffe für 3D-Druck

- Formlose Stoffe
  sind Stoffe ohne geometrisch bestimmbare Form z.B. Flüssigkeiten, zähflüssiges Harz, Pulver, Granulat u.a.

- Formneutrale Werkstoffe
  wie z.B. Bänder oder Drähte sind zwar geometrisch bestimmbar. Deren Form hat aber nichts mit dem späteren Aussehen des Werkstücks zu tun, da bei der Verarbeitung der Werkstoff geschmolzen und extrudiert wird.

Das Werkstück entsteht durch Zusammenfügen von formlosem oder formneutralem Werkstoff. Daher werden generative Verfahren den additiven Fertigungsverfahren zugeordnet.

In der Systematik der Einteilung der Fertigungsverfahren nach DIN 8580 sind die generativen Fertigungsverfahren noch nicht aufgeführt, werden dort aber überwiegend dem Urformen zugeordnet, da die Werkstücke aus formlosen oder formneutralen Stoffen entstehen.

8.1.2 Verwendung

Generative Fertigungsverfahren dienen zur schnellen und kostengünstigen Fertigung von folgenden Produkten:

Modell oder Prototyp
Diese machen Ideen begreifbar z.B.
- im Produktdesign,
- in der Konstruktion und Entwicklung,
- im Marketing z.B. zur Präsentation,
- in der Medizin z.B. als Anschauungsmodelle und Modelle zum Simulieren von schwierigen Operationen.

Muster oder Prototyp
Diese helfen z.B. dem
- Einkauf bei der Abstimmung mit Lieferanten oder dem
- Vertrieb (Messe- oder Vertriebsmuster, Prototypen).

Endprodukt
Produktion von Einzelbauteilen z.B.:
- Unikate
- Kleinserien
- Ersatzteile

Werkzeug und Vorrichtungsbau
- Werkzeuge wie z.B. optimierte Spritzgusswerkzeuge
- Montagehilfen und Haltevorrichtung
- Werkstückträger für Messvorrichtungen

Verpackungen und Halterungen
In der Logistik zum Schutz von Werkstücken und Produkten beim Transport

---

Praxisbeispiele Rapid Tooling

- Halte- oder Montagevorrichtungen für spezielle Bauteile oder Produkte werden nur in kleinen Stückzahlen benötigt. Aus den CAD-Daten der Bauteile oder Produkte können die Halte- oder Montagevorrichtungen schnell konstruiert und ausgedruckt werden.
- Interne konturnahe Kühlkanäle bei Spritzgusswerkzeugen verbessern die Kühlleistungen und erlauben damit schnellere Zykluszeiten und verbesserte Bauteilqualität. Die internen konturnahen Kühlkanäle können mit generativen Fertigungsverfahren wesentlich einfacher als konventionell hergestellt werden.

© Springer-Verlag GmbH Deutschland, ein Teil von Springer Nature 2019
P. Bühler et al., *Produktdesign*, Bibliothek der Mediengestaltung,
https://doi.org/10.1007/978-3-662-55511-8_8

8.2 Arten

Auf Basis von CAD-Daten werden bei den generativen Fertigungsverfahren die Werkstücke in der Regel schichtweise aus formlosen oder formneutralen Werkstoffen aufgebaut.

Vorteile
- Abfall vermeidender effektiver Umgang mit Werkstoffen
- Aufhebung von Designbeschränkungen (z. B. sind komplexe Konstruktionen oder Hohlräume möglich)
- Gewichtsreduzierung durch optimierte Konstruktionen
- schnell an individuelle (Kunden-) Anforderungen anpassbar
- keine Werkzeugfertigung notwendig
- flexible Fertigung und Auslagerungsmöglichkeiten (Dienstleister) bei gleichzeitiger Verminderung von Risiken in der Zulieferkette

Nachteile
- hohe Kosten
- begrenzte Anzahl von Werkstoffen
- z. T. geringe Stabilität der Werkstücke

Unabhängig von den Verfahren werden die generativen Fertigungsverfahren nach dem Zweck in Rapid Prototyping, Rapid Manufacturing und Rapid Tooling eingeteilt.

8.2.1 Rapid Prototyping

Rapid Prototyping (deutsch: schneller Prototypenbau) ist der Überbegriff für unterschiedliche Verfahren zur schnellen Herstellung von 3D-Modellen bzw. Prototypen und ersetzt zunehmend den herkömmlichen manuellen Modellbau.

Übliche Werkstoffe
Thermoplaste und Photopolymere (UV-härtende Polymere) u. a.

8.2.2 Rapid Manufacturing

Rapid Manufacturing (deutsch: schnelle Fertigung) ist der Überbegriff für unterschiedliche Produktionsverfahren der direkten und werkzeuglosen Fertigung von Endprodukten.

Rapid Manufacturing wird in der (Dental-)Medizin und der Hörgerätetechnik bereits massiv eingesetzt, aber auch in herkömmlichen Bereichen wird das innovative Rapid Manufacturing immer häufiger angewandt und ersetzt zunehmend herkömmliche Fertigungsverfahren. Für einen Airbus A350 XWB werden inzwischen mehr als 1000 Bauteile als 3D-Druck hergestellt.

Vorteile von Rapid Manufacturing
- Einzelteile, Unikate und Kleinserien werden, egal ob als einzelne Bauteile, als Baugruppen oder als Endprodukt, schnell und flexibel hergestellt.
- Aufwändige und teure Lagerung von Bau- und Ersatzteilen ist nicht nötig.
- Die Produktion kann dezentral oder vor Ort erfolgen.

Übliche Werkstoffe
Glas, Metalle, Keramik, Thermoplaste, Photopolymere u. a.

8.2.3 Rapid Tooling

Rapid Tooling (deutsch: schneller Werkzeugbau) steht für generative Fertigungsverfahren zur Herstellung von Werkzeugen oder Werkzeugteilen. Die Bandbreite reicht dabei von einfachen Halte- oder Montagevorrichtungen bis zu hochkomplexen Kunststoffspritzwerkzeugen.

Übliche Werkstoffe
Metalle, Thermoplaste, Photopolymere u. a.

Beispiele für generative Fertigung

Von oben nach unten:
Flexibler Schlauch
FDM-Druck Elastomer
3D-gedruckter Schuh
In nur einem Vorgang gedruckt. Besonderheit: vollfarbig, glatte Oberflächen und gummiartige Sohle
Vorrichtungsbau
3D-Druck ermöglichte verbesserte Handhabung und Gewichtsreduzierung.
Autokonsole
Abb. mit freundlicher Genehmigung von Stratasys / alphacam

8.3 Verfahren

In der Produktgestaltung werden im Modell- und Prototypenbau derzeit hauptsächlich folgende generativen Fertigungsverfahren eingesetzt:

- Fused Deposition Modeling (FDM)
- Stereolithografie (SLA)
- Multi Jet Modeling (MJM)
- Selektives Lasersintern/Laserschmelzen (SLS/SLM)
- 3D-Printing (3DP)

8.3.1 Fused Deposition Modeling – FDM

Werkstoffe: Thermoplaste

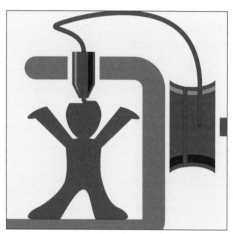

Funktionsprinzip – Fused Deposition Modeling

„Cylindro" Schreibtisch Ordnungssystem, Rolf Huber

- Rapid Tooling: Gussform für Beton in FDM
- Grundkörper: Beton gegossen
- Verbindungselemente: FDM

Bei der Schmelzschichtung (Fused Desposition Modeling) wird im Extruder des Druckkopfs ein Kunststoffdraht (Thermoplast) geschmolzen und durch die Düse gepresst. Der Druckkopf verfährt in der x- und y-Richtung. So entsteht eine Schicht des Bauteils. Anschließend fahren der Druckkopf und die Bauplatte um eine Schichtstärke auseinander. Die nächste Schicht kann aufgebaut werden. Der 3D-Druck entsteht so Schicht für Schicht in senkrechter Richtung. Um auch Hohlräume erzeugen zu können, kommt ein zweiter Extruder mit Stützmaterial zum Einsatz. Dieses kann später leicht entfernt werden. FDM-Drucker kommen wegen ihrer vergleichsweise geringen Kosten auch im Hobbybereich zum Einsatz.

Geräteabhängig können verschiedene Thermoplaste eingesetzt werden, mit denen unterschiedliche Eigenschaften des Bauteils erreicht werden.

8.3.2 Stereolithografie – SLA

Werkstoffe: Photopolymere (UV-härtende Polymere)

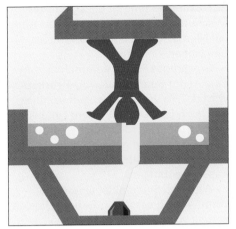

Funktionsprinzip – Stereolithografie

Die Stereolithografie ist das älteste 3D-Druckverfahren. Das 3D-Objekt entsteht aus einem zähflüssigen lichtempfindlichen Polymer (Photopolymer).

Das Polymer wird an den gewünschten Stellen Schicht für Schicht mit Hilfe eines Lasers ausgehärtet. Das Verfahren zeichnet sich durch hohe Detailgenauigkeit aus. Hohle Objekte sind nur möglich, wenn Öffnungen zum Herauswaschen des ungebundenen Polymers vorgesehen sind.

Durch entsprechende Nachbelichtung mit UV-Licht können die Objekte vollständig durchgehärtet werden. Die gedruckten Objekte sind je nach verwendetem Polymer spröde oder elastisch.

Das Verfahren dient zur relativ schnellen und kostengünstigen Fertigung von Präsentationsmodellen und ersetzt damit immer mehr den herkömlichen manuellen Modellbau.

8.3.3 Multi Jet Modeling – MJM

Werkstoffe: Wachse, wachsähnliche Thermoplaste, Photopolymere u. a.

Funktionsprinzip – Multi Jet Modeling

Dieses Verfahren, das auch Poly-Jet-Technologie genannt wird, kombiniert die Vorteile der Stereolithografie (SLA) mit denen der Schmelzschichtung (FDM). Das lichtempfindliche Photopolymer wird – ähnlich dem Tintenstrahldruckverfahren – schichtweise aufgetragen und anschließend mit UV-Licht ausgehärtet. Auf diese Weise lassen sich sehr filigrane und auch hohle Bauteile erstellen.

Durch Kombinieren und Mischen von derzeit bis zu sechs unterschiedlichen und unterschiedlich eingefärbten Werkstoffen sind verschiedene Eigenschaften wie Elastizität, Härte, Transparenz und Farben möglich. Echter 3D-Farbdruck mit insgesamt mehr als 550.000 Farben ist möglich.

Objekt – Stratasys GrabCAD Voxel Print

Rückleuchte

Transparente Werkstoffe dienen der visuellen Simulation lichtdurchlässiger bzw. transparenter Kunststoffe. Gedruckt mit Poly-Jet-Technologie
Abb. mit freundlicher Genehmigung von Stratasys / alphacam

77

8.3.4 Selektives Lasersintern/Laserschmelzen – SLS/SLM

Werkstoffe: Polymere, Metall

Funktionsprinzip – Selektives Lasersintern/ Laserschmelzen

Selektives Lasersintern und selektives Laserschmelzen gewinnen immer mehr an Bedeutung. Der Einsatzschwerpunkt liegt im Rapid Manufacturing – der generativen Produktion von Produkten.

Bei diesen Verfahren wird zunächst eine dünne Pulverschicht aus Polymer (SLS) oder Metall (SLM) auf eine Trägerplatte aufgebracht. An den durch die CAD-Daten definierten Stellen wird mittels Laserstrahl das Pulver verschmolzen. Danach wird die Trägerplatte etwas nach unten bewegt, die nächste Pulverschicht wird aufgebracht und an den definierten Stellen wird erneut verschmolzen.

Hohle Objekte sind nur möglich, wenn Öffnungen zum Herausschütteln des ungebundenen Pulvers vorgesehen sind.

8.3.5 3D-Printing – 3DP

Werkstoff: Klebstoff im Tintenstrahlverfahren auf pulvriges Substrat

3DP kann, vereinfacht gesagt, als eine Mischung aus dem beschriebenen Multi Jet Modeling und dem Lasersintern angesehen werden.

Gipsartiges Pulver kommt hier zum Einsatz. Im Bauraum des 3D-Druckers wird das Pulver glattgezogen. Ähnlich wie beim Drucken mit einem Tintenstrahldrucker werden durch einen Druckkopf an den gewünschten Stellen flüssige Bindemittel aufgebracht, die das Pulver binden.

Wird das Bindemittel eingefärbt, können auf diese Weise farbige Objekte erstellt werden.

Nach dem Druckvorgang werden die Modelle aus dem 3D-Drucker entnommen. Das lose Pulver verbleibt im Druckraum und kann für den nächsten Druck verwendet werden. Hohle Objekte sind nur möglich, wenn Öffnungen zum Herausschütteln des ungebundenen Pulvers vorgesehen sind.

Die gedruckten Objekte sind nicht besonders fest und bruchsicher. Durch entsprechende Nachbehandlung können die Objekte gehärtet werden.

Das Verfahren dient zur schnellen und kostengünstigen Fertigung von Architektur- oder anderen Präsentationsmodellen und kann damit den herkömlichen manuellen Modellbau ersetzen.

Die CAD-Daten werden im STL-Format an die Software des 3D-Druckers (Postprozessor) übergeben. Neuere Postprozessoren akzeptieren auch direkt CAD-Daten. In der Software des 3D-Druckers werden die 3D-Druckparameter eingegeben und damit die einzelnen zu druckenden Schichten (Layer) des 3D-Druckauftrags berechnet.

Bei „intelligenten" 3D-Druckern werden diese Druckdaten an den 3D-Drucker geschickt. Dieser arbeitet diese Information selbstständig ab. Im Gegensatz dazu übernimmt bei einfachen (Hobby-)Systemen der PC mit der Software des 3D-Druckers die komplette Steuerung z. B. Extruder an/aus und die Bewegungen der Schrittmotoren (Bauplatte auf/ab, Druckkopf links/rechts/vorne/hinten).

8.4.1 STL-Format

Die Abkürzung STL wird unterschiedlich definiert
STL = Surface Tesselation Language
STL = Standard Triangulation Language
STL = Standard Tesselation Language

Im Gegensatz zur sprachlichen Definition der Abkürzung STL ist das Datenformat standardisiert. Das STL-Format definiert die Oberfläche eines 3D-CAD-Modells durch Dreiecke. In vielen CAD-Systemen kann beim Export die Auflösung der 3D-Objekte in die Oberflächen-Dreiecke gesteuert werden. Je feiner, desto genauer das Ergebnis, jedoch wird dadurch auch der Datensatz größer, der aufbereitet und dem 3D-Drucker übermittelt werden muss.

Bei eckigen 3D-Objekten, also ohne Rundungen oder Freiformflächen, kann bedenkenlos die Grundeinstellung für den STL-Export verwendet werden. Bei 3D-Objekten mit Rundungen oder Freiformflächen muss eine geeignete

Auflösung der STL-Dateien gewählt werden. Ist die Auflösung und somit die Anzahl der Dreiecke zu gering, zeigen die gedruckten 3D-Objekte die zugrunde liegende Oberfläche aus Dreiecken. Da die Auflösung der 3D-Drucker beschränkt ist, macht es aber auch keinen Sinn, die Auflösung der STL-Datei zu hoch einzustellen, da durch die mechanische Begrenzung der 3D-Drucker keine weitere Verbesserung der Oberfläche machbar ist.

Einstellungen STL-Export im CAD-System
Abhängig von: • gewünschter bzw. benötigter Oberflächenqualität • Druckwerkstoff • Druckverfahren des 3D-Druckers • mechanischen Grenzen des 3D-Druckers (z. B. Schichtstärke)

Objekt
FDM-Bauteil aus ABS, nachbearbeitet mit Wassertransferdruck von alphacam

8.4.2 Datenaufbereitung für den 3D-Druck

Druck von Bauteilen oder Baugruppen
Im CAD-System ist es möglich, aus Bauteilen oder Baugruppen STL-Daten zu erzeugen. In der Regel ist es sinnvoll, die einzelnen Bauteile zu drucken.

Berühren sich bei Baugruppen die Flächen einzelner Bauteile, so kann das zu Problemen führen. Die beiden Teile „verkleben" und sind nicht mehr zueinander beweglich. Bei der Stereolithografie (SLA) könnten auch ungehärtete Harzrückstände eingeschlossen werden.

Druck von beweglichen Baugruppen
Komplette in sich bewegliche Baugruppen können gedruckt werden, ohne dass diese dann später montiert werden müssen. Dazu müssen die einzelnen Bauteile der Baugruppe auf geeignetem Abstand sitzen, damit diese beim Drucken nicht „verkleben".

8.4.3 3D-Drucksoftware

Die STL- oder CAD-Daten werden in der 3D-Drucksoftware, dem Postprozessor, aufgearbeitet. Die 3D-Drucksoftware unterschiedlicher 3D-Drucker unterscheiden sich in Details, aber nicht vom grundsätzlichen Prinzip her.

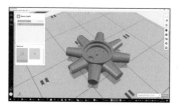

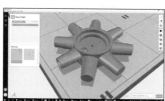

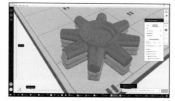

Screenshots zum Making of ... exemplarisch mit zwei Programmen
- Öffnen der Programme und Grundeinstellungen
- Öffnen der STL-Datei und Platzierung des Modells
- Ausrichtung des Modells
- Stützstrukturen

Making of ...

1 Öffnen Sie die 3D-Drucksoftware.

2 Öffnen Sie Ihre STL- oder, falls von Ihrer 3D-Drucksoftware unterstützt, Ihre CAD-Datei.

3 Stellen Sie die gewünschten Parameter des 3D-Modells ein – z. B. gewünschte Schichtstärke, automatisches hohles Produzieren des 3D-Modells (zur Werkstoff- und Zeitersparnis), Dichte der Stützen ...

4 Skalieren Sie das 3D-Modell.

5 Richten Sie das 3D-Modell im Bauraum aus – Definition der unteren oder oberen Fläche des 3D-Modells oder Drehungen um die x-, y- oder z-Achse.

6 Platzieren Sie Ihr 3D-Modell im Bauraum – um mehrere Objekte gleichzeitig zu drucken, gruppieren Sie diese im Bauraum zu einem Druckauftrag.

7 Platzieren Sie die Stützen/das Stützmaterial automatisch oder falls möglich auch manuell.

8 Speichern Sie Ihren 3D-Druckauftrag.

9 Senden Sie Ihren 3D-Druckauftrag an den 3D-Drucker.

8.5 Aufgaben

1 Anwendungsszenarien für generative Fertigungsverfahren erläutern

Erläutern Sie mögliche Anwendungsszenarien für generative Fertigungsverfahren.

a. In der Produktgestaltung

b. In der Produktion

2 Vorteile von generativen Fertigungsverfahren erläutern

Erläutern Sie die Vorteile von folgenden Einsatzzwecken:

a. Rapid Prototyping

b. Rapid Manufacturing

c. Rapid Tooling

3 STL-Dateien generieren

Erläutern Sie, warum es nur begrenzt Sinn macht, bei der Generierung von STL-Dateien die Auflösung der Dreiecke immer weiter zu steigern.

4 Generative Fertigungsverfahren vergleichen

Nennen Sie die Vorteile folgender Verfahren:

a. Fused Deposition Modeling – FDM

b. Stereolithografie – SLA

c. Multi Jet Modeling – MJM

9.1 Urheberrecht – Urheberrechtsgesetz (UrhG)

Das Urheberrecht schützt den Urheber, damit dieser mit seinen geschaffenen Werken Geld verdienen kann. Im Weiteren regelt das Urheberrechtsgesetz sowohl die Verwertung als auch die Nutzung des Werks.

Im Urheberrechtsgesetz (UrhG) wird in § 1 festgeschrieben: *„Die Urheber von Werken der Literatur, Wissenschaft und Kunst genießen für ihre Werke Schutz nach Maßgabe dieses Gesetzes."* In § 2 UrhG wird der Begriff „schützenswerte Werke" präzisiert. In § 2 Abs. 1 S. 4 UrhG erfolgt die für Kunsthandwerker und Designer wichtige Nennung ihrer Werke: *„Werke der bildenden Künste einschließlich der Werke der Baukunst und der angewandten Kunst und Entwürfe solcher Werke."* Das Urheberrecht gilt daher für Architektur und für angewandte Kunst und somit auch für Design und Kunsthandwerk.

Im Nachfolgenden werden die gesetzlichen Begriffe und Bausteine genauer erläutert. Eine ausführlichere Darstellung zum Urheberrecht finden Sie in dieser Buchreihe im Band „Medienrecht".

9.1.1 Schutz

Sobald jemand ein Werk erschafft, besteht Urheberschutz. Es bedarf weder einer Anmeldung noch einer Eintragung in einem Register noch fallen Kosten an.

9.1.2 Urheber

§ 7 UrhG definiert eindeutig: *„Urheber ist der Schöpfer des Werkes."*

Urheber kann dabei eine einzelne Person sein. Ein Werk kann aber auch mehrere Urheber haben, die dann anteilig die Urheberrechte besitzen.

Das Urheberrecht kann im Gegensatz zu Verwertungs- und Nutzungsrechten nicht übertragen werden und verbleibt beim Urheber und nach dessen Tod bei dessen Erben.

Die Schutzdauer ist abhängig von der Art des Werks (Fotografie, Sprache, Musik, Film, Kunst und Architektur u. a.). Bei Design endet diese 70 Jahre nach dem Tod des Urhebers.

9.1.3 Werk und Schöpfungshöhe

In § 2 Abs. 2 UrhG werden die Begriffe „Werk" und „Schöpfung" beschrieben: *„Werke im Sinne dieses Gesetzes sind nur persönliche geistige Schöpfungen."*

Persönliche Schöpfung
Persönliche Schöpfung bedeutet, dass das Werk von einem Menschen erschaffen wurde und nicht durch mechanische Vorrichtungen (z. B. einen Spirograph) oder einen Algorithmus (z. B. Apfelmännchen-Grafik) erzeugt wurde oder es sich um ein gefundenes unbearbeitetes Naturprodukt (verwittertes Holz, Kieselstein, Kristall o. Ä.) handelt.

Geistige Schöpfung
Geistige Schöpfung bedeutet, dass das Werk ein Ergebnis geistiger Arbeit ist (z. B. Ölgemälde, Design eines Rasierapparats) und nicht einer rein mechanischen Arbeit (z. B. Anstreichen einer Wand).

Schöpfungshöhe
Um als Schöpfung eingeordnet zu werden, muss das Werk eine Einzigartigkeit bzw. Unverwechselbarkeit haben – die „Schöpfungshöhe" bzw. „Gestaltungshöhe". Diese Höhe ist nicht eindeutig definiert und für jeden Einzelfall neu zu klären. Dabei werden u. a. Werkart,

© Springer-Verlag GmbH Deutschland, ein Teil von Springer Nature 2019
P. Bühler et al., *Produktdesign*, Bibliothek der Mediengestaltung,
https://doi.org/10.1007/978-3-662-55511-8_9

Einzigartigkeit, Unverwechselbarkeit und Komplexität betrachtet.

Werke müssen für andere Menschen sinnlich wahrnehmbar sein, also nicht nur eine geistige immaterielle Idee sein.

Wenn Ideen für Produkte z. B. als Skizzen visualisiert werden, sind diese Ideen genauso wie die Produkte selbst als Werke der angewandten Kunst urheberrechtlich geschützt. Dazu ist allerdings eine besondere Gestaltungshöhe notwendig. Sie benötigen eine eigenständige Formgebung.

Bedingungen für schützenswerte Werke

Es muss
- für andere Menschen sinnlich wahrnehmbar sein,
- eine persönliche geistige Schöpfungen sein und
- eine ausreichende Schöpfungshöhe bzw. Gestaltungshöhe (eigenständige Formgebung) haben.

9.1.4 Nutzungsrechte

Der Urheber eines Werks kann einer natürlichen oder einer juristischen Person erlauben, das Werk zu nutzen. Dieses Nutzungsrecht kann als einfaches oder ausschließliches Recht vergeben werden (§ 31 UrhG) und kann vertraglich auch räumlich, zeitlich oder inhaltlich beschränkt werden.

Einfaches Nutzungsrecht

Mit dem einfachen Nutzungsrecht erlaubt der Urheber dem Inhaber des Nutzungsrechts das Werk wie vertraglich vereinbart zu nutzen. Der Urheber kann das Nutzungsrecht mehrmals vergeben. Ein Fotograf gibt einem Verlag das Nutzungsrecht für eines seiner Fotos. Er kann es weiterhin an weitere vergeben.

Ausschließliches Nutzungsrecht

Mit dem ausschließlichen Nutzungsrecht erlaubt der Urheber dem Inhaber des Nutzungsrechts das Werk wie vertraglich vereinbart zu nutzen. Der Urheber kann das Nutzungsrecht nicht mehr an andere natürliche oder juristische Personen vergeben, der Inhaber des Nutzungsrechts kann aber Dritten die Erlaubnis zur Nutzung des Werks geben. Ob der Urheber selbst weiterhin Nutzungsrechte hat, kann vertraglich geregelt werden.

Schutzdauer von angewandter Kunst

Das Urheberrecht an Werken der Kunst und Architektur und daher auch angewandter Kunst und Designprodukten erlischt 70 Jahre nach dem Tod des Urhebers.

Stuhl „o traco", Boris Nestle

Ausgezeichnet beim „Cheongju International Craft Biennale", 2003, Südkorea; ausgestellt „Inspired by cologne", 2004

Es besteht Urheberschutz, da:
- Produkt existiert (wahrnehmbar ist),
- eine persönliche geistige Schöpfung des Designers ist,
- durch eigenständige Formgebung eine besondere Schöpfungshöhe erreicht,
- zusätzlich Schöpfungshöhe durch internationale Auszeichnung dokumentiert ist.

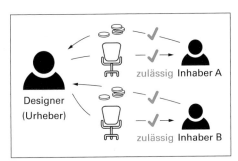

Einfaches Nutzungsrecht

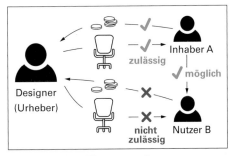

Ausschließliches Nutzungsrecht

9.2 Eingetragenes Design – Designgesetz (DesignG)

**Qlocktwo W39,
Biegert & Funk**

Ausgezeichnet mit reddot design award 2018. Das Design wurde 2012 international gemeldet unter DM/078 457, der Schutz läuft daher bis maximal 2037.

Das Design ist ein entscheidender Faktor für den Erfolg eines Produkts. Darum ist bei der kommerziellen Vermarktung der Schutz durch eine Anmeldung des Designs wichtig. Mit einem *eingetragenen Design*, bis 2014 Geschmacksmuster genannt, kann ein Design eines Produkts deutschlandweit geschützt werden. Mit Design meint das Gesetz hier nur die von außen erkennbare Erscheinungsform, also nur die äußere Form- und Farbgestaltung eines Produkts.

Europa- oder gar weltweiter Schutz ist durch ein eingetragenes Gemeinschaftsgeschmacksmuster bzw. durch Anmeldung beim Internationalen Büro der Weltorganisation für geistiges Eigentum (WIPO) möglich.

Gewerbliches Schutzrecht – Änderungen 2014		
alt		**neu**
Geschmacksmuster	→	eingetragenes Design
Geschmacksmuster-gesetz	→	Designgesetz (DesignG)
Geschmacksmuster-verordnung	→	Designverordnung (DesignV)

Form und Farbe eines dreidimensionalen Produkts (Möbel, Haushaltsgeräte, Autos, Leuchten usw.) sowie die Produktgrafik und Icons können geschützt werden. Außerdem können zweidimensionale Muster wie Stoffe, Tapeten oder Logos geschützt werden. Auch Teile von Produkten (Verschlusskappe einer Getränkeflasche, Sohle eines Sportschuhs usw.) sind schützbar.

Technische Erfindungen des Designers werden nicht mit dem eingetragenen Design, sondern mit einem Gebrauchsmuster oder einem Patent geschützt.

9.2.1 Rechte

Durch die Anmeldung eines Designs wird das alleinige ausschließliche Nutzungsrecht dieses Designs vergeben. Der Inhaber hat die alleinigen Rechte zur Herstellung und Veräußerung des Designs. Gegen jedes Design, das dem eingetragenen gleicht, kann auf Grundlage des Designgesetzes und der Designverordnung vorgegangen werden. Der Inhaber der Rechte kann Dritten verbieten, das Design bei der Herstellung, dem Verkauf, der Ein- oder Ausfuhr von Produkten zu verwenden.

9.2.2 Anmeldung

Die Anmeldung erfolgt beim Deutschen Patent- und Markenamt in Jena (DPMA) oder dessen Dienststellen in schriftlicher oder digitaler Form. Letztere hat durch die klare Eingabemaske den Vorteil, dass die notwendigen Angaben in der richtigen Form eingereicht werden. Die Anmeldung kann einzeln oder als Sammelanmeldung mit bis zu 100 Mustern der gleichen Warenklasse erfolgen. Mit der Anmeldung muss ein Bild des Designs eingereicht werden. Geschützt ist nur, was auf dieser Darstellung ersichtlich ist.

Das DPMA prüft bei der Anmeldung des Designs nicht, ob es sich von anderen Produkten erkennbar unterscheidet, also eine schützenswerte Neuheit ist, und dadurch die sachlichen Schutzvoraussetzungen erfüllt. Nach formaler Prüfung des Antrags wird das Design in das Register aufgenommen.

9.3 Gebrauchsmuster – Gebrauchsmustergesetz (GebrMG)

Eine technische Erfindung kann unter bestimmten Voraussetzungen geschützt werden. Im Gebrauchsmustergesetz (GebrMG) wird in § 1 Abs. 1 festgeschrieben: *„Als Gebrauchsmuster werden Erfindungen geschützt, die neu sind, auf einem erfinderischen Schritt beruhen und gewerblich anwendbar sind."*

Um eine Erfindung handelt es sich nur, wenn diese neu ist, also bislang noch nicht beschrieben oder benutzt wurde und somit nach aktuellem Stand der Technik noch nicht bekannt ist.

Ästhetische Formschöpfungen sind keine technischen Erfindungen und nach § 1 Abs. 1 S. 2 GebrMG explizit ausgenommen. Rein formale Lösungen werden nicht mit dem Gebrauchsmuster, sondern mit einem eingetragenen Design geschützt.

Bei der Anmeldung eines Gebrauchsmusters beim Deutschen Patent- und Markenamt (DPMA) wird weder auf Neuheit, erfinderischer Schritt noch auf gewerbliche Anwendbarkeit geprüft.

Durch Wegfall dieser Recherchen ist der Gebrauchsmusterschutz einfacher, schneller und kostengünstiger zu bekommen als ein Patentschutz. Allerdings werden Eintragungen eines Gebrauchsmusters häufig angegriffen. Dann wird nachträglich geprüft, ob die sachlichen Voraussetzungen für einen wirksamen Gebrauchsmusterschutz gegeben sind. Falls dies nicht der Fall ist, wird die Eintragung gelöscht. Zur Reduzierung dieser Gefahr kann vor der Antragstellung beim DPMA gegen Gebühr eine freiwillige Recherche beauftragt werden.

Neben dem einfacheren Verfahren ist die Laufzeit von maximal 10 Jahren ein großer Unterschied zum Patent, das bis zu 20 Jahre Laufzeit haben kann. Das Gebrauchsmuster wird wegen Wegfall der Recherchen und geringeren Kosten häufig als kleines Patent bezeichnet.

1 Stundenanzeige
2 Text in 5-Minuten-Schritte
3 Jeder leuchtende Eckpunkt = 1 Minute später

Qlocktwo Touch, Biegert & Funk

Nach dem GebrMG geschützt wurde die *„Vorrichtung zum Anzeigen einer Textnachricht mit einem Display und einer Vielzahl von ein- und ausschaltbaren, festpositierten, nicht überlappenden, einzeln ansteuerbaren Zeichen"*.

Eingetragenes Design
Schutz für
• äußere Gestaltung von Gegenständen (Design)
Bedingungen
• weltweite Neuheit – muss sich von anderen Erzeugnissen erkennbar unterscheiden • geschützt ist das Design und nicht die Funktion • nur formale Prüfung der Anmeldeunterlagen
Laufzeit
max. 25 Jahre
Kosten
Anmeldung mit Schutz für die ersten 5 Jahre: • bis zu 10 Designs 70 Euro • ab dem 11. bis zum 100. Design je 7 Euro Verlängerung/Aufrechterhaltung in mehreren Stufen: • von jährlich 90 Euro für das 6. – 10. Schutzjahr • bis jährlich 180 Euro für das 21. – 25. Schutzjahr

Gebrauchsmuster
Schutz für
• technische Erfindungen
Bedingungen
• neu • gewerblich anwendbar kein Gebrauchsmuster für: • ästhetische Formschöpfungen • technische Verfahren (sind u. U. aber patentierbar)
Laufzeit
max. 10 Jahre
Kosten
Anmeldung mit Schutz für die ersten 3 Jahre: • 40 Euro Freiwillige Recherche: • 250 Euro Verlängerung: • von jährlich 210 Euro für das 4. – 6. Jahr • bis jährlich 530 Euro für das 9. – 10. Jahr

9.4 Patent – Patentgesetz (PatG)

In Patentgesetz (PatG) § 1 Abs. 1 ist festgeschrieben: *„Patente werden für Erfindungen auf allen Gebieten der Technik erteilt, sofern sie neu sind, auf einer erfinderischen Tätigkeit beruhen und gewerblich anwendbar sind."*

Ästhetische Formschöpfungen sind nach § 1 Abs. 3 S. 2 PatG explizit ausgenommen. Rein formale Lösungen können nicht mit einem Patent oder mit einem Gebrauchsmuster, sondern nur mit einem eingetragenen Design geschützt werden.

Das Patent dient zum Schutz von technischen Erfindungen. Dies können innovative Produkte, vom einfachen Alltagsgegenstand bis zum komplexen Hightechprodukt, aber auch technische Verfahren sein, die so vor Nachahmung geschützt werden. Beinhaltet ein Produktdesign technische Erfindungen, können diese, im Gegensatz zur rein ästhetischen Formgebung, durch ein Patent geschützt werden.

Beispiel Qlocktwo large, Biegert & Funk: Mit einem Patent geschützt wurde „das Verfahren zum Stellen einer Uhr mit einer Smartphoneapp und der Übertragung der Daten durch Lichtblitze".

9.4.1 Rechte

Patentinhaber können ihre Erfindung:
- selbst verwerten und sich damit eine gute Positionierung am Markt sichern,
- das Patent verkaufen,
- das Patent vererben,
- das Patent als Lizenz übertragen und als Patentinhaber vom Lizenznehmer für das Recht zur Verwertung Lizenzgebühren erhalten.

Durch ein Patent geschützte Erzeugnisse und Verfahren dürfen für die private Nutzung oder zur Forschung verwendet werden.

9.4.2 Anmeldung

Patente werden vor der Anmeldung vom Deutschen Patent- und Markenamt (DPMA) geprüft. Daher sind Patente – im Gegensatz zu Gebrauchsmustern – nicht so leicht anfechtbar.

9.4.3 Kosten und Dauer

Sowohl für die Anmeldung als auch für die Prüfung des Antrags fallen Kosten an. Nach der Erteilung kann das Patent bis auf insgesamt maximal 20 Jahre verlängert werden. Mit vorschreitenden Jahren wird die Verlängerungsgebühr immer höher. Damit soll ein Anreiz geschaffen werden, mit dem Patent Geld zu verdienen, um die Kosten wieder einzuspielen oder das Patent eben nicht mehr zu verlängern, damit andere Firmen die technischen Erfindungen nutzen können.

Patent
Schutz für
<ul><li>technische Gegenstände</li><li>chemische Erzeugnisse</li><li>technische Verfahren</li></ul>
Bedingungen
<ul><li>weltweite Neuheit</li><li>erst anmelden, dann veröffentlichen!</li><li>erfinderische Tätigkeit</li><li>gewerbliche Anwendbarkeit</li></ul>
Laufzeit
maximal 20 Jahre
Kosten
Anmeldung: • 60 Euro Prüfung durch Deutsches Patent- und Markenamt: • 350 Euro Verlängerung in mehreren Stufen: • von jährlich 70 Euro ab dem 3. Jahr • bis jährlich 1.940 Euro für das 20. Jahr

9.5 Produkthaftung – Produkthaftungsgesetz (ProdHaftG)

Das Gesetz über die Haftung für fehlerhafte Produkte (kurz: Produkthaftungsgesetz – ProdHaftG) regelt die Haftung eines Herstellers bei fehlerhaften Produkten. Den Begriff Produkt definiert § 2 ProdHaftG: *„Produkt im Sinne dieses Gesetzes ist jede bewegliche Sache, auch wenn sie einen Teil einer anderen beweglichen Sache oder einer unbeweglichen Sache bildet, sowie Elektrizität."* Für Arznei- und Lebensmittel gelten andere Gesetze und Regelungen.

Ein fehlerhaftes Produkt im Sinne des ProdHaftG bietet nicht die erforderliche Sicherheit. Der Fehler muss bereits bei der Inverkehrbringung des Produkts vorhanden gewesen sein. Er darf nicht später entstanden sein, z. B. durch übliche Abnutzung.

9.5.1 Haftung

Es haften:
- *Tatsächlicher Hersteller*
  ist der Hersteller des Endprodukts, eines Teilprodukts oder des Werkstoffs. Alle drei haften gegenüber dem Geschädigten gleichermaßen.
- *Quasi-Hersteller*
  ist zwar nicht der tatsächliche Hersteller, gibt sich aber als solcher aus durch Anbringung seines Namens, seiner Marke oder anderen unterscheidungskräftigen Kennzeichen.
- *Importeur*
  führt aus einem Drittstaat mit wirtschaftlichem Zweck ein Produkt ein und haftet wie ein Hersteller.
- *Lieferant*
  haftet wie der Hersteller, wenn er seinen Lieferanten oder den Hersteller nicht benennen kann.
- *Mehrere Haftende*
  haften gegenüber dem Geschädigten als Gesamtschuldner. Der Endhersteller haftet für den Schaden, falls

dieser durch ihn verursacht wurde, z. B. durch falsche Montage oder aber auch durch Instruktionsfehler (falsche Bedienungsanleitung).

9.5.2 Rolle des Designers

Der Hersteller haftet für Schäden, die bei sachgemäßer Nutzung durch Produkte entstehen, die bei der Inverkehrbringung fehlerhaft waren. Deshalb müssen Fehlerquellen bereits bei der Produktentwicklung ausgeschlossen werden.

Das heißt, sowohl bereits bei der Produktkonzeption als auch beim Produktentwurf müssen alle Sicherheitsvorschriften beachtet und die Fehlerquellen vermieden werden. Da der Designer für die Prozesse mitverantwortlich ist, trägt er eine hohe Verantwortung. Er muss in hohem Maße die Handhabung und die Bedienung des Produkts ergonomisch und sicher gestalten. Fehlbedienungen sollten durch gestalterische Maßnahmen vermieden werden. Auch eine geeignete Wahl der Werkstoffe (z. B. Zähigkeit statt Sprödigkeit) und der Oberflächen (z. B. Griffsicherheit statt glatter rutschiger Oberflächen) ist notwendig.

Beispiel Funkfernsteuerung B&B F10 für Forstarbeiten:
Sichere Bedienung durch gutes Design:
- Die Schalter auf der Oberseite sind auch mit Handschuhen fehlerfrei bedienbar, da sich der Abstand der Schalter durch die Gehäusewölbung vergrößert.
- Fehlbetätigungen der Schalter werden vermieden, da Vorder- und Rückseite des Gehäuses die Schalterebene überragen.
- Notausknopf ist gut erreichbar seitlich positioniert.

Funkfernsteuerung B&B F10 für Forstarbeiten, Andreas Utz für Telenot
Designpreis Focus Open 2013

9.6 Aufgaben

1 Zielsetzung des Urheberrechtsgesetzes beschreiben

Beschreiben Sie die Zielsetzung des Urheberrechtsgesetzes.

2 Bedingungen einer persönlichen geistigen Schöpfung aufzählen

Zählen Sie drei Bedingungen auf, die ein Werk zu einer persönlichen geistigen Schöpfung machen.

1.

2.

3.

3 Nutzungsrechte unterscheiden

Beschreiben Sie den Unterschied von einfachem und ausschließlichem Nutzungsrecht.

4 Schützbares Design beschreiben

Beschreiben Sie, was nach dem DesignG unter einem „Design" verstanden wird.

5 Schutzvoraussetzungen kennen

Beschreiben Sie die beiden Schutzvoraussetzungen nach dem DesignG.

Neuartigkeit:

Eigenart:

6 Rechte nach dem DesignG kennen

Zählen Sie die Rechte nach dem DesignG auf, die ein Designer durch die Eintragung des Designs erhält.

7 Schutzdauer nach dem DesignG kennen

Nennen Sie die Schutzdauer nach dem DesignG.

8 Unterschiede von Gebrauchsmuster und Patent kennen

Beschreiben Sie die Unterschiede von Gebrauchsmuster und Patent.

9 Wichtigkeit von Schutzrechten erläutern

Erläutern Sie die Wichtigkeit von den Schutzrechten durch eingetragenes Design, Gebrauchsmuster und Patent.

10 Rolle des Designers bei der Produkthaftung erläutern

Erläutern Sie die Rolle des Designers bei der Produkthaftung.

11 Gestalterische Maßnahmen zur Vermeidung der Fehlbedienung von Produkten beschreiben

Beschreiben Sie anhand eines selbstgewählten Produkts Maßnahmen, die ein Designer vornehmen kann, um eine Fehlbedienung zu vermeiden.

Produkt:

Maßnahmen:

10.1 Technische Entwicklungen

Die technische Entwicklung der letzten Jahrzehnte führte zu einer immer weiter fortschreitenden Miniaturisierung. Dieser Prozess hängt eng mit der Digitalisierung unseres Arbeitsumfelds und unseres Alltags zusammen. Gesteigert wurden diese Entwicklungen noch durch die Vernetzung, die die heutige Arbeitswelt und den Alltag immer stärker beherrschen. Industrie 4.0 und das Internet als Informations- und Kommunikationsmedium sind feste Bestandteile der heutigen industriellen Gesellschaft. Diese Entwicklungen haben Folgen für das Designverständnis und die Tätigkeiten eines Produktdesigners.

10.1.1 Miniaturisierung

Vereinfacht ist die Miniaturisierung die Verkleinerung von Bauteilen, Baugruppen oder ganzen Produkten unter Beibehaltung aller Funktionen. Dabei kann die Form skaliert beibehalten oder grundlegend verändert werden.

Hintergrund für die Entwicklung kleinerer Bauteile, Baugruppen und Produkte sind der dabei sinkende Ressourcen- und Energieverbrauch bei steigender Leistung (Geschwindigkeit).

Je kleiner Bauteile werden, umso höhere Ansprüche werden an deren Qualität und Präzision sowie an die Reinheit der Roh- und Werkstoffe gestellt. Durch diesen Aufwand geht ein Teil des gewonnenen Vorteils durch geringeren Ressourcen- und Energieverbrauch wieder verloren.

Die Miniaturisierung zeigt sich sowohl in der Mikroelektronik als auch in der Mikromechatronik. Zusammen bilden sie die Mikrosystemtechnik. Elektronische Bauelemente wie Prozessoren oder Arbeitsspeicher für Computer werden bei gesteigerter Leistung kleiner. Laser werden bei gleicher Leistung ebenfalls kleiner. In Kombination mit immer präziseren Spiegeln ermöglichen sie kleinere, präzisere Lasersysteme, die von der Medizintechnik über die Fertigungstechnik bis in die Unterhaltungs- und Heimelektronik eingesetzt werden.

Miniaturisierung und Produktdesign
Leichtere, kleinere Produkte sind mit weniger Ressourcen herzustellen, benötigen beim Vertrieb weniger Platz und sind für den Anwender leichter und mobiler einzusetzen. Jedoch können die Ablesbarkeit und Verständlichkeit von Zweck und Funktion eines Produkts durch die Verkleinerung erschwert werden. So müssen Bedienelemente wie z. B. Taster oder Schalter zur komfortablen Bedienung eine Mindestgröße und einen gewissen Abstand haben. Auch Displays für Texte und Grafiken können nicht beliebig verkleinert werden, da das menschliche Auge einen entsprechenden Seh- bzw. Leseabstand benötigt.

Aufgrund der Miniaturisierung steigt für den Produktdesigner die Herausforderung, Produkte ergonomisch und selbsterklärend – im Sinne der Erkennbarkeit von Zweck und Funktion sowie Handhabung und Bedienung – zu gestalten.

10.1.2 Digitalisierung

Digitalisierung im engeren Wortsinn bedeutet das Umwandeln von analogen Signalen und Werten in digitale. In den letzten Jahrzehnten haben die Digital- und Computertechnik, verstärkt durch die fortschreitende Miniaturisierung, zu einem Umbruch geführt, der in allen Lebensbereichen zu spüren ist. Diese digitale Revolution – oder im erweiterten Wortsinn diese Digitalisierung – erfolgt in großer Geschwindigkeit und

© Springer-Verlag GmbH Deutschland, ein Teil von Springer Nature 2019
P. Bühler et al., *Produktdesign*, Bibliothek der Mediengestaltung,
https://doi.org/10.1007/978-3-662-55511-8_10

mit weitgehenden Veränderungen in der Wirtschafts- und der Arbeitswelt, in der Öffentlichkeit und im Privatleben. Datenverarbeitungssysteme helfen uns, Gesellschaft und Wirtschaft zu steuern. Computergesteuerte Maschinen produzieren Waren und die neuen Medien beeinflussen unser Kommunikationsverhalten (z. B. Telefon, SMS, E-Mail), Sozialisationsprozesse (soziale Medien, ständige Erreichbarkeit) und unsere Alltagssprache durch Akronyme wie „rofl", Emoticons :-) oder antimated GIFs.

Weitere Anwendungsbereiche und Entwicklungspotenziale der Digitalisierung sind Roboter im Haushalt und der Pflege, selbstfahrende Fahrzeuge und die sogenannte künstliche Intelligenz. Letztere ist jedoch vorerst „nur" eine gut programmierte, vernetzte, komplexe Steuerung und hat in ihrer Arbeitsweise wenig mit menschlicher Intelligenz zu tun.

Digitalisierung und Produktdesign
Auf den ersten Blick hat die Digitalisierung im Vergleich mit der Miniaturisierung weniger Bedeutung für das Produktdesign, da ein analoges bzw. digitales Innenleben eines Produkts für die Formgebung und Produktsprache nicht so wichtig ist. Bei genauerem Hinsehen fallen aber zwei Dinge auf.

Zum einen haben viele Produkte mit digitalem Innenleben Displays, auf denen Informationen angezeigt werden oder die den Nutzern helfen, komplexe Bedienungen und Programmierungen mit wenig Bedienelementen vorzunehmen. Zum anderen hat die Digitalisierung viele neue Gerätetypen (z. B. PCs, Tablets, Smartphones, Spielekonsolen, Digitalkameras) hervorgebracht, die von den Produktdesignern sinnvoll gestaltet werden. Die komplexen multifunktionalen Ausstattungen und Möglichkeiten dieser Geräte sind für Produktdesigner eine Herausforderung.

Digitalisierung und Interaktionsdesign
Um die neuen Möglichkeiten der Digitalisierung bzw. der digitalen Produkte und deren komplexe Funktionen zu nutzen, bekommt die Mensch-Maschine-Schnittstelle und somit die Mensch-Maschine-Interaktion eine noch größere Bedeutung.

Einige Hochschulen bilden dies ab, indem sie entsprechende Studiengänge anbieten. Diese liegen wie die späteren Tätigkeiten im Beruf zwischen Produkt- und Kommunikations-, sowie Automobildesign und Architektur.

Interaktionsdesign mit Interface-Design im Sinne von Screendesign gleichzusetzen wird dieser Fachrichtung nicht gerecht, da Interaktionsdesign weit mehr als grafische Benutzeroberflächen mit klassischen Eingaben wie Tasten, Maus, Joystick oder Touch ist.

Qlocktwo classic – Creator's Edition, Biegert & Funk
Das Ablesen der Uhrzeit bringt ein neues Nutzererlebnis. Die Front kann vom Nutzer selbst gewechselt und so Farbe, Erscheinung und Sprache verändert werden.

Musikhören im Wandel der Zeit

Links: **Phonosuper SK 4, Hans Gugelot für Braun, 1956**
Kombination von Radio und Plattenspieler

Rechts: **MP3-Player – Rendering**
Musik digitalisiert und z. B. im MP3-Format komprimiert wird auf dem Gerät oder in der Cloud gespeichert. Apple produzierte den iPod shuffle von 2010 bis 2017.

91

10.1.3 Vernetzung

Mit der Miniaturisierung und der Digitalisierung ist die Vernetzung der Geräte untereinander immer weiter gestiegen.

**Vernetzung in der Industrie –
Industrie 4.0**
In der industriellen (Massen-)Produktion wird die vernetzte Produktion immer mehr zum Standard. Die Produktion erfolgt digital gesteuert. Die einzelnen Produktionsparameter werden für jedes Bauteil mitprotokolliert. Im Idealfall verhalten sich die vernetzten Maschinen wie ein Schwarm. Je nach Auslastung der einzelnen Maschinen werden vorangehende oder nachfolgende Arbeitsprozesse beschleunigt oder abgebremst, damit kein Stau entsteht. Im Extremfall stellt eine Maschine die Produktion von den vorgesehenen Teilen ein und übernimmt eine Aufgabe einer anderen Maschine oder arbeitet einen besonders wichtigen zeitkritischen Auftrag ab.

Vorteil einer solch komplexen Produktion ist die Möglichkeit, sehr schnell auf Kundenaufträge zu reagieren. Ferner werden im Idealfall keine Zwischenprodukte gelagert. Die Wertschöpfungskette wird schnell durchlaufen.

Ein Vorteil der Industrie 4.0 ist eine ressourcenschonende Kreislaufwirtschaft. Produkte werden darin datengestützt über deren vollständigen Lebenszyklus betrachtet. Bereits im Gestaltungsprozess wird definiert, wie die Werkstoffe wiederverwertet werden können.

Vernetzung im privaten Bereich
Die digitale Vernetzung im privaten Bereich zeigt sich bei der Kommunikation und im Medienverhalten.

Neben der direkten unmittelbaren menschlichen Kommunikation erfolgt diese heute häufig über digitale Medien. Telefonate, E-Mails, Nachrichten in sozialen Medien, aber auch Videokonferenzen, wie z. B. Skype oder Facetime, sind über das Internet, kabelgebundene oder Funknetzwerke für viele Menschen normal.

Das heutige Medienverhalten ist stark von digitalen Netzwerken geprägt. Radiohören oder Fernsehschauen, weil gerade ein Song oder ein Film gesendet wird, sind passé. Musik und Filme können jederzeit über Computernetze gestreamt, also über digitale Datenströme auf TV, Beamer, Computer oder mobiles Endgerät übertragen werden. Die fortschreitende Miniaturisierung, Digitalisierung und Vernetzung ermög-

Industrielle Revolutionen	
1. industrielle Revolution	Mechanisierung mit Wasser- und Dampfkraft
2. industrielle Revolution	Massenfertigung mit Fließbändern und elektrischer Energie
3. industrielle Revolution	digitale Revolution: Einsatz von Elektronik und Informationstechnik zur weiteren Steuerung und Automatisierung
4. industrielle Revolution oder auch **Industrie 4.0**	Aufbauend auf der digitalen Revolution wird die Vernetzung der Maschinen, sogar der ganzen Fabrikation bis hin zum Kunden in den Mittelpunkt gestellt.

Ziele von Industrie 4.0

- die „intelligente Fabrik" (Smart Factory)
- effektiver Umgang mit Ressourcen
- hohe Wandlungsfähigkeit der Fertigung und der gefertigten Produkte
- Berücksichtigung von individueller und ergonomischer Gestaltung
- Einbindung von Kunden und Geschäftspartnern in Geschäfts- und Wertschöpfungsprozesse (z. B. Terminierung, Protokollierung der Fertigungsparameter)

lichen es, Sensoren in Kleidungsstücke einzuarbeiten, sogenannte Wearables. Fitnesstracker und -uhren sind hier erst der Anfang.

Internet of Things

Das Internet of Things (IoT) – oder auf deutsch das Internet der Dinge (IdD) ist ein Sammelbegriff für Geräte und Technologien, die es ermöglichen, dass vernetzte physische und virtuelle Gegenstände miteinander oder mit Menschen kommunizieren und zusammenarbeiten.

Ziel ist es, Menschen im Alltag zu entlasten. In die Geräte des Internet of Things sind je nach Verwendungszweck kleine Computer mit entsprechender Leistungsstärke eingebettet. Diese übernehmen Aufgaben, die bisher von Menschen erledigt wurden. Sie sammeln Daten, verknüpfen diese und bereiten sie auf. Je nach Programmierung und Aufgabe steuern diese Geräte auch andere Geräte und Prozesse.

Smart Home

Im vernetzten Heim oder Haus sind die Geräte der Unterhaltungselektronik, die Haushaltsgeräte und die Haustechnik (z. B. Leuchten, Jalousien, Heizung, aber auch Herd, Kühlschrank und Waschmaschine) miteinander vernetzt. So können z. B. Leuchten auf Zuruf oder über mobile Endgeräte geschaltet und gedimmt werden. Die Heizkörper in jedem Raum werden individuell gesteuert. Dies erfolgt einerseits klassisch via Zeitsteuerung, Außen- und Raumtemperatur. Andererseits können Smart-Home-Systeme erkennen, ob gerade die Fenster zum Lüften geöffnet sind oder ob die Bewohner anwesend sind, und steuern die Heizung entsprechend. Selbstverständlich kann die Heizung auch über eine App auf dem Smartphone gesteuert und kontrolliert werden.

Vernetzung und Produktdesign

Die Vernetzung schafft einerseits Entlastung, andererseits werden die Produkte und deren Bedienung komplexer. Aufgabe von Produkt- und Interaktionsdesigner ist es, die Mensch-Maschine-Interaktion gut und möglichst selbsterklärend zu gestalten.

10.1.4 Virtual Reality (VR)

Virtual Reality, zu deutsch virtuelle Realität, ist eine computergenerierte Wirklichkeit, die in der Regel als Bewegtbilder dargestellt wird. Diese werden in (halb-)kuppelförmige Großbildleinwände oder über ein Head-Mounted-Display (Video- bzw. VR-Brille) häufig in 3D projiziert. Oft wird die virtuelle Situation durch auditive, haptische oder taktile Sinneseindrücke ergänzt, also um Töne, Geräusche oder auch um Datenhandschuhe oder -anzüge mit Force Feedback (Kraftrückkopplung).

Virtual Reality erleben

Anwendungen

- *Schulungen und Training*
  Für Schulungen und Trainings wird immer häufiger VR eingesetzt. Das Unternehmen Stihl verwendet zur Unterweisung und Schulung an Kettensägen VR. Neben der erhöhten Sicherheit hat dies den Vorteil, dass die Kurse indoor und daher witterungsunabhängig stattfinden können. Die Deutsche Bahn schult ihr Personal mit VR zur Bedienung der Behindertenrampen. Der große Vorteil ist, dass zur Schulung kein Zug abgestellt werden muss.
- *Kunst*
  VR bietet Künstlern neue Möglichkeiten. Bei der im Museum für

angewandte Kunst Wien von Februar 2018 bis Oktober 2018 gezeigten VR-Installation „Klimt's Magic Garden: A Virtual Reality Experiment by Frederick Baker" konnten Besucher mittels VR-Brillen einen Garten, der von Gustav Klimts Bildern und Zeichnungen inspiriert war, betreten und durchwandern. Das Erlebnis wurde durch einen passenden Soundtrack abgerundet.

- *Unterhaltungsmedien*
In der Unterhaltungs- und Freizeitbranche wird VR seit langem eingesetzt, z. B. bei Computerspielen.
- *Simulation*
3D-CAD-Daten können miteinander abgeglichen, visualisiert und Funktionen, Bedienung oder Einbausituationen können simuliert werden.
- *Visualisierung*
Produkte, aber auch Gebäude werden aus den CAD-Daten visualisiert und räumlich erlebbar gemacht.
- *Entwerfen*
Produktdesigner können am selben dreidimensionalen virtuellen Modell arbeiten, egal ob sie räumlich vor Ort sind oder nicht.

Augmented Reality
Überlagerung von Echtbild und virtuellen Daten

10.1.5 Augmented Reality (AR)

Augmented Reality (AR), zu deutsch erweiterte Realität, ist eine Kombination von Virtual Reality und Realsituationen.

Die Wahrnehmung der Realität wird durch computergestützte Erweiterung ergänzt. Grundsätzlich können diese erweiterten Informationen alle menschlichen Sinne ansprechen, meist sind aber nur die visuelle Darstellung von Informationen gemeint. Es werden in Realbilder oder (Live-)Videos computergenerierte Zusatzinformationen oder virtuelle Objekte eingeblendet oder überlagert.

Anwendungen

- 3D-CAD-Daten können mit vorhandenen realen Geometrien verglichen werden und dienen dem Abgleich von digitalen Daten mit realen Situationen.
Im Automobildesign kann z. B. die Übersichtlichkeit und Bedienbarkeit von einem realen Fahrersitz mit realen Bedienelementen erfolgen. A-, B- und C-Säulen und die Straßensituation sind entsprechende Projektionen. Die Einbausituation eines neu konstruierten Fensterhebers in die vorhandene Autotür kann simuliert und geprüft werden.
- Navigationssysteme nehmen mit der Kamera Livebilder auf und blenden die Straßennamen und die Navigationsroute ein.
- Bei Fußballübertragungen werden bei Freistößen Entfernungen mit Bögen oder Linien eingeblendet.
- Digitalkameras erkennen Gesichter von Personen und blenden deren Namen ein.
- Möbel oder andere Produkte werden mit dem Bild der eigenen Wohnung überlagert, um das Produkt vor dem Kauf in dieser Umgebung zu sehen.
- Produktdesigner und Auftraggeber können dreidimensionale virtuelle Modelle in realen Situationen wahrnehmen.

10.2 Aufgaben

1 Folgen der Miniaturisierung für Produktdesign beschreiben

Beschreiben Sie die Folgen der Miniaturisierung für das Produktdesign.

3 Ziele von Industrie 4.0 nennen

Nennen Sie wichtige Ziele der Industrie 4.0.

4 Anwendungen für Virtual Reality aufzählen

Zählen Sie mögliche Anwendungen von Virtual Reality auf.

2 Folgen der Digitalisierung für Produktdesign beschreiben

Beschreiben Sie die Herausforderungen, welche die Digitalisierung für Produktdesigner mit sich bringt.

5 Anwendungen für Augmented Reality aufzählen

Zählen Sie mögliche Anwendungen von Augmented Reality auf.

11.1 Lösungen

11.1.1 Einführung

1 Tätigkeit eines Produktdesigners beschreiben

- Planen und Konzipieren von Produkten und Produktfamilien
- Definieren von Zielgruppen
- Recherchieren und Analysieren bereits erhältlicher Produkte
- Gestalten von Produkten
- Visualisieren von Gestaltungskonzepten mit Skizzen, Zeichnungen und Modellen
- Arbeiten im Team
- kreativ sowie analytisch denken
- Projekte steuern

2 Produktdesign heute beschreiben

Produktdesign muss nicht nur für Massenproduktion sein. Industrie 4.0 und moderne Fertigungstechniken ermöglichen individuelle Produkte bereits ab geringen Stückzahlen.

3 Ausbildungswege kennen

Assistent für Produktdesign	Technischer Produktdesigner
schulische Ausbildung in Vollzeit	duale Ausbildung (Betrieb und Berufsschule)
mittlerer Bildungsabschluss	keine Vorgaben, mittlerer Bildungsabschluss empfohlen
2 bis 3 Jahre (abhängig vom Bundesland)	3 ½ Jahre

4 Tätigkeiten eines Modellbauers kennen

- Planung und Fertigung von maßstabsgetreuen Modellen auf der Basis von Skizzen und Zeichnungen der Produktdesigner
- Fertigung erfolgt manuell oder rechnergestützt, wie z. B. 3D-Druck

5 Studiengänge Produktdesign recherchieren

Beispiele:
- Burg Giebichenstein Kunsthochschule Halle – Industriedesign, Produktdesign Keramik und Glas
- Hochschule für Gestaltung Karlsruhe – Produktdesign
- Hochschule für Gestaltung Schwäbisch Gmünd – Produktgestaltung, Interaktionsgestaltung

11.1.2 Produkt und Gestaltung

1 Lineares Produktleben erläutern

Rohstoffgewinnung (take)
- Abbau und Gewinnung der Rohstoffe

Herstellung des Produkts (make)
- Konzeption, Gestaltung, Konstruktion Fertigung und Vertrieb

Nutzung des Produkts (use)
- Nutzung und Wartung sowie Verbrauch von Betriebsmittel

Entsorgung des Produkts (waste)
- Recycling oder Deponierung

2 Ziele der „4 R" des Produklebens beschreiben

Reuse – Wieder- und Weiterverwenden
- *Wiederverwendung* von Produkten zum gleichen Zweck, z. B. Mehrwegpaletten
- *Weiterverwendung* von Produkten zu einem anderen Zweck, z. B. Flasche als Blumenvase

Repair – Reparatur
- Reparatur statt Neukauf, z. B. Fahrrad

Remanufacture – Wiederaufbereiten
- Produkte zum gleichen oder anderen Zweck aufarbeiten, z. B. Paletten

Recycle – Verwertung von Werkstoffen
- z. B. Sammeln und Einschmelzen von Altglas

© Springer-Verlag GmbH Deutschland, ein Teil von Springer Nature 2019
P. Bühler et al., *Produktdesign*, Bibliothek der Mediengestaltung,
https://doi.org/10.1007/978-3-662-55511-8

3 Merkmale von Projekten aufzählen

- Zielvorgaben
- Abgrenzung – einmalig und neuartig
- Komplexität
- zeitliche Begrenzung
- projektbezogenes finanzielles Budget
- rechtlich/organisatorische Zuordnung
- messbares Endergebnis

4 Lasten- und Pflichtenheft definieren

- Im Lastenheft (Briefing) werden die vom Auftraggeber gewünschten Ziele und Leistungen formuliert.
- Im Pflichtenheft (Rebriefing) stellt der Auftragnehmer dar, wie er den Auftrag verstanden hat, das Projekt umsetzen wird und in welcher Form die Ergebnisse vorliegen werden.

5 Gestaltungsprozess beschreiben

Gestaltungsprozesse verlaufen in einem ständigen Wechsel zwischen analytischem und kreativem Denken. Vorgaben und Anforderungen werden analysiert, Ziele definiert und Lösungsideen entwickelt. Dies wiederholt sich ständig in allen drei Phasen des Gestaltungsprozesses: der Konzeption, der Ausarbeitung sowie der Detaillierung und Konstruktion. Dabei nähert man sich immer mehr ans optimale Ziel an.

11.1.3 Anforderungen und Analysen

1 Anforderungen an Produkte nennen

- Zielgruppen – Bedarf, Bedürfnis
- Nutzung – Funktion, Dienstleistung, Zweck
- Handhabung, Bedienung, Ergonomie
- Produktsprache, Produktsemantik, Selbsterklärung
- Fertigung, Roh- und Werkstoffe –

Nachhaltigkeit und Ökologie
- Vertrieb
- Ökonomie

2 Ergonomie erläutern

Ergonomie bedeutet die Anpassung von (Arbeits-)Bedingungen an den Menschen und seinen Bewegungsapparat – nicht umgekehrt. Ziel ist eine möglichst geringe gesundheitliche Belastung bei der Nutzung von Produkten.

3 Nutzererlebnis beschreiben

Produkte ähneln sich immer mehr in Funktion, Ausstattung und Preis-Leistungs-Verhältnis. Daher sind Nutzererlebnisse wichtige Faktoren bei der Kaufentscheidung.

4 Bedienarten skizzieren

- Wippen
- Kippen
- Schieben
- Ziehen
- Drehen
- Drücken
und entsprechende Skizzen

5 Zielgruppe definieren

Mögliche Antwort:
- Akademikerin
- wohnt in eigenem Loft in der City
- unverheiratet, fester 8 Jahre jüngerer Lebenspartner
- Jahreseinkommen über 100.000 Euro
- ist immer in Eile
- legt Wert auf ein gepflegtes Äußeres
- denkt geradlinig und zielorientiert
- zeigt Empathie
- legt Wert auf Umwelt und Nachhaltigkeit und lebt entsprechend
- u.a.

6 Anforderungen festlegen

Mögliche Antwort:
- kompakte Größe (Mitnahme im Trolly)
- solides Markengerät (lange Lebensdauer)
- wünscht mehrere Stufen für Wärme und Luftstrom
- Vorrichtung für Kabelaufwicklung (verstauen im Gepäck)
- Betriebsspannung umstellbar (Reisen – unterschiedliche Spannungen)
- Adapter für verschiedene Steckdosen
- wünscht Zusatzdüsen und Aufsätze
- u.a.

11.1.4 Designethik

1 Ökologische Sichtweisen vergleichen

„From cradle to grave"
- Lineares ressourcenverbrauchendes Prinzip, welches das ganze Produktleben bis zum Ende der Nutzungsphase betrachtet.
- Nachteil ist, dass nach der Nutzungsphase von einer Entsorgung ausgegangen wird. Die damit zusammenhängenden Umweltbelastungen werden nicht berücksichtigt.

„From cradle to cradle"
- Konsumorientiertes Prinzip – die Werkstoffe befinden sich in biologischen oder technischen Kreisläufen.
- Abfälle sind Wertstoffe. Produkte werden nach der Nutzungsphase nicht deponiert, sondern dienen als Rohstoffe für neue Produkte. Es geht um die Effektivität des Werk- und Rohstoffeinsatzes.
- Nachteil ist, dass in diesem Prinzip nur die Werkstoffe und nicht die notwendigen Betriebsstoffe oder andere Belastungen in der Nutzungsphase berücksichtigt werden.

2 Die drei Säulen der Nachhaltigkeit beschreiben

Ökologie, Ökonomie, Soziales
Details vgl. Tabelle zum Drei-Säulen-Modell der Nachhaltigkeit

3 Ziele der Nachhaltigkeit im Produktdesign beschreiben

Konzeption, Design und Produktion der Produkte schaffen positive, ganzheitliche und nachhaltige Lösungen von sozialen und ökologischen Problemen.

4 Verantwortung von Produktdesignern beschreiben

Individuelle Beschreibung von:
- Designer als Anwalt der Nutzer
- Ökonomische Verantwortung
- Gesellschaftliche Verantwortung
- Ökologische Verantwortung
- Moralische Verantwortung
(vgl. Kapitel 4.3 *Design und Verantwortung*)

11.1.5 Werkstoffe

1 Werkstoffauswahl erläutern – Härte

Arbeitsplatte einer Einbauküche:
Muss leicht zu reinigen sein (Hygiene). Je glatter die Oberfläche, umso einfacher die Reinigung. Je härter die Küchenarbeitsplatte, umso weniger zerkratzt diese.

2 Gewicht schätzen

Schätzlösung:
1 cm^3 entspricht 10^3 mm^3 = 1000 mm^3, also 1000 Würfelchen mit 1 mm Seitenkante. Das Kugelvolumen entspricht knapp 53 % des umschreibenden Würfels (da $V = \pi \star d^3 / 6$).

Die Dichte von Stahl beträgt ca. 7,85 g/ cm³, daher wiegen die 1000 Stahlkugeln etwas mehr als 4 g.

Lösung mit Berechnung:
Kugelvolumen: $V = \pi * d^3 / 6$
Masse: $m = V * Dichte$

$m = Dichte * \pi * d^3 / 6$
$m = 7,85 g/cm^3 * \pi * 0,1^3 cm^3 / 6$

$m = 0,00411 g$ pro Kugel oder
4,11 g für 1000 Stahlkugeln mit
1 mm Durchmesser

---

3 Werkstoff für Gehäuse eines Fahrkartenautomaten auswählen

Pulverbeschichtetes Stahlblech, da:
- stabil (vandalismussicher)
- durch Beschichtung witterungsbeständig
- preiswert
- leicht zu bearbeiten

Edelstahl, da:
- stabil (vandalismussicher)
- witterungsbeständig

---

4 Produkt aus verdichtetem Holz konzipieren

a. Motorradrahmen
b. stabil wie Stahl, leichter als Stahl, geschlossener CO_2-Kreislauf, bleibt bei Feuchtigkeit stabil, thermisch verwertbar

---

5 Kunststoffe unterscheiden

a. Thermoplaste
b. PE, PP, PS, PA, PET, PMMA, PC
c. bei Erwärmung plastisch (Spritzguss, Thermoformen, Tiefziehen), einfärbbar, elektrischer und thermischer Isolator, recycelbar

a. Duromere
b. PUR, EP, PU
c. hart, sehr bruchfest; nur spanabhebende Bearbeitung möglich, elektrischer und thermischer Isolator, schwer recycelbar

a. Elastomere
b. NR, SIR
c. elastisch, gegen viele Lösungsmittel unempfindlich, elektrischer und thermischer Isolator, schwer recycelbar

11.1.6 Fertigungsverfahren

1 Beispiele für mechanische Fertigungsverfahren nennen

Additive Fertigungsverfahren
- Hart- und Weichlöten, Schweißen, Schrauben, Nieten, Kleben, generative Fertigungsverfahren wie FDM, SLA, MJM, SLS, SLM u. a.

Subtraktive Fertigungsverfahren
- Laserschneiden, Schneiden, Sägen, Feilen, Fräsen, Wasserstrahlschneiden, Bohren, Stanzen u. a.

Umformende Fertigungsverfahren
- Bugholzverfahren, Abkanten, Biegen, Verdrehen, Weiten, Dehnen, Tiefziehen, Schmieden u. a.

---

2 Vorteil von umformenden Fertigungsverfahren erläutern

Bei umformenden Fertigungsverfahren, wie z. B. beim Biegen oder Schmieden, wird kein Werkstoff abgetragen/abgetrennt. Dadurch erfolgt ein geringer und effektiver Werkstoffeinsatz, z. B.: Thonetstuhl – Bugholzverfahren.

3 Fertigungsverfahren nach DIN 8580 zuordnen

Trennen:
- Sägen und Hobeln der Bretter

Fügen:
- Montieren und Leimen der Einzelteile

Beschichten:
- Lackieren bzw. Beizen des gelben bzw. grauen Stuhles

4 Änderung des Zusammenhalts bei Fertigungsverfahren nach DIN 8580 zuordnen

Lösung vgl. Tabelle unten

11.1.7 Modellbau

1 Modellbauschaum thermosägen

- Übertragen der zu sägenden Kontur
- Kontrollieren der Spannung des Schneidedrahtes
- Einschalten der Thermosäge
- Hartschaumblock gegen den Heißdraht führen und der zu schneidenden Kontur folgen
- Hartschaumblock gleichmäßig zum Heißdraht bewegen

2 Polystyrolplatten schneiden

- Anzeichnen oder Anreißen der Schnittlinien
- Maßnahmen zur Unfallverhütung beachten
- Anschneiden/Ritzen entlang des Stahllineals, eventuell wiederholen
- Brechen der Polystyrolplatte entlang der Schnittline
- Nacharbeiten der Schnitt-/Bruchkante

3 Polystyrol kleben

- Gute Lüftung des Arbeitsplatzes!
- Polystyrolteile aneinander anpassen
- Vorhandene Grate entfernen
- *Mit dünnflüssigem Polystyrolkleber:* Einzelteile zusammenfügen und fixieren. Mit Pinsel dünnflüssigen Polystyrolkleber an die Klebefuge auftragen.
- *Mit dickflüssigem Polystyrolkleber:* Klebestellen mit dem dickflüssigen Polystyrolkleber einstreichen. Einzelteile zusammenfügen und fixieren.

4 Beschaffenheit von Holzfugen zum Verleimen erläutern

- Flächen müssen gut aufeinander passen.
- Enge Fuge, da Leim nicht gut und stabil überbrücken kann. Fuge aber auch nicht zu eng, da sonst Holzleim weggedrückt wird.
- Stabilität der Leimung ist von Fugenbeschaffenheit und dem Anpressdruck beim Abbinden abhängig.

Bei den Fertigungsverfahren nach DIN 8580 wird der Zusammenhalt:					
Urformen	Umformen	Trennen	Fügen	Beschichten	Stoffeigenschaft ändern
X geschaffen	o geschaffen	o geschaffen	o geschaffen	o geschaffen	o geschaffen
o vermindert	o vermindert	X vermindert	o vermindert	o vermindert	X vermindert
o beibehalten	X beibehalten	o beibehalten	o beibehalten	o beibehalten	X beibehalten
o vermehrt	o vermehrt	o vermehrt	X vermehrt	X vermehrt	X vermehrt

Anhang

11.1.8 3D-Druck

1 Anwendungsszenarien für generative Fertigungsverfahren erläutern

a. In der Produktgestaltung
- Schnelle, relativ preiswerte Herstellung von Modellen oder Prototypen
- Zweck
  - Visualisierung
  - ergonomischen Studien
  - Überprüfung der Idee
  - Präsentation und Marketing
b. In der Produktion
- Herstellung von
  - individuell angepassten Einzelstücken (Unikaten) und Kleinserien
  - Werkzeugen und Vorrichtungen (für Produktion und Transport)
  - Ersatzteilen

2 Vorteile von generativen Fertigungsverfahren erläutern

a. Rapid Prototyping
- schnelle Fertigung von 3D-Modellen bzw. Prototypen
- effektiver Werkstoffeinsatz
- Aufhebung von Designbeschränkungen (z. B. komplexe Konstruktionen oder Hohlräume möglich)
b. Rapid Manufacturing
- keine Werkzeugfertigung notwendig
- schnelle und flexible Fertigung von Bauteilen, Unikaten und Kleinserien
- effektiver Werkstoffeinsatz
- Fertigung ortsungebunden, flexible Fertigung und Auslagerungsmöglichkeiten zu Dienstleistern
- keine aufwändige und teure Lagerung von Bau- und Ersatzteilen
c. Rapid Tooling
- Herstellung von Werkzeugen oder Werkzeugteilen sowie einfachen Halte-, Montage- oder Transportvorrichtungen

- Aufhebung von Designbeschränkungen
- schnell an individuelle Anforderungen anpassbar

3 STL-Dateien generieren

- Die Datenmenge wird groß, benötigt viel Rechenleistung, lange Übertragungszeiten, Speicherüberfluss bei Postprozessor oder Drucker möglich.
- Eine hohe Auflösung bei der STL-Erstellung bringt nur eine Qualitätssteigerung, wenn das Produkt Rundungen hat und der Drucker eine hohe Druckauflösung ermöglicht.

4 Generative Fertigungsverfahren vergleichen

a. Fused Deposition Modeling – FDM
- verschiedene Werkstoffe verfügbar
- lösbares Stützmaterial
- mehrere Düsen
- hohle Bauteile möglich
- geringe Kosten
b. Stereolithografie – SLA
- verschiedene Werkstoffe verfügbar
- hohe Auflösung
- kostengünstig
c. Multi Jet Modeling – MJM
- verschiedene Werkstoffe verfüg- und kombinierbar
- hohe Auflösung
- hohle Bauteile möglich
- farbiger 3D-Druck mit über 550.000 Farben möglich

11.1.9 Rechtliche Grundlagen

1 Zielsetzung des Urheberrechtsgesetzes beschreiben

Der Urheber soll durch die Verwertung und Nutzung des von ihm geschaffenen Werks Geld verdienen können.

101

2 Bedingungen einer persönlichen geistigen Schöpfung aufzählen

1. Persönliche Schöpfung – von Menschen gemacht.
2. Geistige Schöpfung – also geistige und keine rein mechanische Arbeit.
3. Schöpfungshöhe erreicht – durch Einmaligkeit, Unverwechselbarkeit.

3 Nutzungsrechte unterscheiden

Sowohl beim einfachen als auch beim ausschließlichen Nutzungsrecht darf der Inhaber das Werk wie vereinbart nutzen. Mit dem einfachen Nutzungsrecht ist die Nutzung durch andere möglich. Beim ausschließlichen Nutzungsrecht hat der Inhaber im vereinbarten Rahmen das alleinige Nutzungsrecht.

4 Schützbares Design beschreiben

„Design" nach dem DesignG ist die von außen erkennbare Erscheinungsform, also die äußere Form- und Farbgestaltung eines Produkts.

5 Schutzvoraussetzungen nach dem DesignG kennen

- Neuartigkeit: Am Anmeldetag ist kein identisches Design veröffentlicht.
- Eigenart: Design muss sich von anderen Erzeugnissen erkennbar unterscheiden – weltweite Neuheit.

6 Rechte nach dem DesignG kennen

- Durch die Eintragung des Designs erhält der Rechteinhaber das alleinige und ausschließliche Nutzungsrecht.
- Der Inhaber hat die alleinigen Rechte zur Herstellung und Veräußerung des Designs.
- Der Rechteinhaber kann Dritten verbieten das Design bei der Herstellung, dem Verkauf, der Ein- oder Ausfuhr von Produkten zu verwenden.

7 Schutzdauer nach dem DesignG kennen

- nach Anmeldung 5 Jahre
- verlängerbar bis auf max. 25 Jahre

8 Unterschiede von Gebrauchsmuster und Patent kennen

	Gebrauchsmuster	Patent
Schutz für	• nur technische Erfindung • Verfahren NICHT schützbar	• technische Erzeugnisse • technische Verfahren
Dauer	max. 10 Jahre	max. 20 Jahre
Prüfung	nein freiwillig möglich	ja Pflicht

9 Wichtigkeit von Schutzrechten erläutern

Erfindungen und Designs sind mitentscheidend für den wirtschaftlichen Erfolg eines Unternehmens. Die Schutzrechte durch eingetragenes Design, Gebrauchsmuster und Patent schützen die Rechteinhaber und sichern die kommerzielle Vermarktung.

10 Rolle des Designers bei der Produkthaftung erläutern

Hersteller von Produkten haften für Schäden, die durch die sachgemäße Nutzung des Produkts entstehen. Daher müssen Fehlerquellen bereits bei der Produktentwicklung ausgeschlossen werden. Der Designer muss bereits bei der Produktkonzeption und dem Produktentwurf alle Sicherheitsvorschriften beachtet und dafür sorgen, dass Fehlerquellen vermieden werden. Er muss in hohem Maße die Handhabung und die Bedienung des Produkts ergonomisch und sicher gestalten. Fehlbedienungen müssen durch gestalterische Maßnahmen vermieden werden. Auch müssen geeignete Werkstoffe und Oberflächen ausgewählt werden.

11 Gestalterische Maßnahmen zur Vermeidung der Fehlbedienung von Produkten beschreiben

Erläuterung mit Kriterien wie z. B.:
- Produkt ist weitgehend selbsterklärend durch Formgebung, Anordnung der Bedienelemente, Produktgrafik.
- Bedienelemente wie z. B. Schalter müssen eindeutig bedienbar sein.
- Fehlbetätigungen der Bedienelemente müssen vermieden werden.
- Notausknöpfe müssen gut sichtbar und leicht erreichbar sein.

11.1.10 Produkt und Digitalisierung

1 Folgen der Miniaturisierung für Produktdesign beschreiben

- Leichtere, kleinere Produkte sind mit weniger Ressourcen herzustellen.
- Produkte benötigen weniger Platz und sind mobil einsetzbar.
- Ablesbarkeit und Verständlichkeit von Zweck und Funktion durch Verkleinerung erschwert.
- Produkte sind schwieriger ergonomisch und selbsterklärend zu gestalten.

2 Folgen der Digitalisierung für Produktdesign beschreiben

- Produkte mit digitalem Innenleben haben häufig Displays zur Anzeige wichtiger Informationen.

- Komplexe Bedienungen mit wenig Bedienelementen möglich.
- Neue Gerätetypen (z. B. PCs, Tablets, Smartphones, Spielekonsolen) erhältlich.
- Mensch-Maschine-Schnittstelle und somit die Mensch-Maschine-Interaktion wird immer wichtiger.

3 Ziele von Industrie 4.0 nennen

- „intelligente Fabrik" (Smart Factory)
- effektiver Umgang mit Ressourcen
- hohe Wandlungsfähigkeit der Fertigung und der gefertigten Produkte
- Berücksichtigung von individueller und ergonomischer Gestaltung
- Einbindung von Kunden und Geschäftspartnern

4 Anwendungen für Virtual Reality aufzählen

Schulungen und Training, Kunst, Unterhaltungsmedien, Simulation, Visualisierung, gemeinsam virtuell arbeiten, entwickeln, entwerfen und konstruieren

5 Anwendungen für Augmented Reality aufzählen

- 3D-CAD-Daten können mit vorhandenen realen Geometrien und Situationen abgeglichen werden.
- Navigationssysteme blenden Livebilder ein.
- Digitalkameras blenden Namen von fotografierten Personen ein.
- Produkte, z. B. Möbel, werden mit Bild der eigenen Wohnung überlagert.
- Produktdesigner und Auftraggeber nehmen dreidimensionale virtuelle Modelle in realen Situationen wahr.

11.2 Links und Literatur

Links

Das Bauhaus heute und als Archiv
www.bauhaus.de

Weitere Informationen zur Bibliothek der
Mediengestaltung:
www.bi-me.de

BIBB – Bundesinstitut für Berufsbildung
www.bibb.de

Christiani – FiloCUT/CAM-System
www.filocut.de

Über Design – Vitra Design Museum
www.design-museum.de

Umfassende Plattform über Design
www.designwissen.net

Umfangreiches Designlexikon
www.designlexikon.net

Magazin für Produktdesign
www.form.de

True Business Sustainability
www.truebusinesssustainability.org

HTW - Hochschule für Technik und Wirtschaft
Berlin
https://id.htw-berlin.de

Hochschule Düsseldorf
https://hs-duesseldorf.de/

Burg Giebichenstein Kunsthochschule Halle
www.burg-halle.de

Staatl. Hochschule für Gestaltung Karlsruhe
www.hfg-karlsruhe.de

Royal College of Art, London
https://www.rca.ac.uk/

Hochschule Pforzheim
www.hs-pforzheim.de

Hochschule für Gestaltung Schwäbisch Gmünd
www.hfg-gmuend.de

Staatl. Akademie der Bildenden Künste Stuttgart
www.abk-stuttgart.de

Bauhaus-Universität Weimar
www.uni-weimar.de

Bergische Universität Wuppertal
https://uni-wuppertal.de

Literatur

Bertram Barth et al.
Praxis der Sinus-Milieus® – Gegenwart und
Zukunft eines modernen Gesellschafts- und
Zielgruppenmodells
Springer VS 2018
ISBN 978-3658193348

Peter Bühler et al.
Designgeschichte: Epochen – Stile – Design-
tendenzen (Bibliothek der Mediengestaltung)
Springer Vieweg 2019
ISBN 978-3662555088

Peter Bühler et al.
Druck: Druckverfahren – Werkstoffe – Druck-
verarbeitung (Bibliothek der Mediengestal-
tung)
Springer Vieweg 2018
ISBN 978-3662546109

Peter Bühler et al.
Medienrecht: Urheberrecht – Markenrecht
– Internetrecht (Bibliothek der Mediengestal-
tung)
Springer Vieweg 2018
ISBN 978-3662539194

Peter Bühler et al.
Medienworkflow: Kalkulation – Projektma-
nagement – Workflow (Bibliothek der Medien-
gestaltung)
Springer Vieweg 2018
ISBN 978-3662547175

Peter Bühler et al.
Printdesign: Entwurf – Layout – Printmedien
(Bibliothek der Mediengestaltung)
Springer Vieweg 2018
ISBN 978-3662546086

Bernhard E. Bürdek
Design – Geschichte, Theorie und Praxis der
Produktgestaltung
Birkhäuser – Verlag für Architektur 2005
ISBN 978-3764370282

Josef Dillinger et al.
Fachkunde Metall
Verlag Europa-Lehrmittel, 2010
ISBN 978-3808511565

Thomas Dyllick & Katrin Muff
Clarifying the Meaning of Sustainable Busi-
ness: Introducing a Typology from Business-
as-Usual to True Business Sustainability
Organization & Environment, 29 (2), 156-174, 2016
ISSN 1086-0266

Thomas Dyllick & Zoe Rost
Towards True Product Sustainability
Journal of Cleaner Production, (162), 346-360,
2017
ISSN 0959-6526

Ulrich Fischer et al.
Tabellenbuch Metall
Verlag Europa-Lehrmittel 2008
ISBN 978-3808516744

Marion Godau
Produktdesign
Birkhäuser 2003
ISBN 3764305118

Heinz Habermann
Kompendium des Industrie-Design: Von der
Idee zum Produkt
Springer-Verlag 2003
ISBN 3540439250

Thomas Hauffe
Geschichte des Designs
DuMont Buchverlag 2014
ISBN 978-3832191160

Gerhard Heufler
Design Basics: Von der Idee zum Produkt
Niggli AG 2006
ISBN 978-3721205176

Richard D. Lewis
Handbuch internationale Kompetenz: Mehr
Erfolg durch den richtigen Umgang mit Ge-
schäftspartnern weltweit
Campus Verlag 2000
ISBN 978-3593363936

Bernd Löbach
Industrial Design – Grundlagen der Industrie-
produktgestaltung
Verlag Karl Thiemig 1976
ISBN 352104050X

Rolf Roller et al.
Fachkunde Modellbau
Verlag Europa-Lehrmittel 2006
ISBN 978-3808512456

Gert Selle
Geschichte des Design in Deutschland
Campus Verlag GmbH 1997
ISBN 3593356759

Nicola Stattmann
Handbuch Material Technologie
avedition GmbH 2000
ISBN 3929678444

11.3 Abbildungen

S2, 1: Slogdesign / alphacam
S6, 1: Autoren
S7, 1: Autoren
S7, 2: Droog (Foto Gerard van Hees)
S8, 1: Autoren
S9, 1: Autoren
S10, 1a: Konstantin Grcic Design (Foto Konstantin Grcic Design)
S10, 1b: Konstantin Grcic Design (Foto Florian Böhm)
S11, 1: Autoren
S12, 1: VS Vereinigte Spezialmöbelfabriken GmbH & Co. KG
S13, 1: VS Vereinigte Spezialmöbelfabriken GmbH & Co. KG
S14, 1: Autoren
S16, 1: Public Domain, Wikipedia (Zugriff: 16.12.2018)
S17, 1: Public Domain, Wikipedia (Zugriff: 16.12.2018)
S17, 2: Jasper Morrison Ltd (Foto Nicola Tree)
S18, 1: Alessi (Foto Stephan Kirchner)
S19, 1, 2: VS Vereinigte Spezialmöbelfabriken GmbH & Co. KG
S20, 1, 2, 3, 4, 5, 6: reichelt elektronik (www.reichelt.de) (Zugriff: 03.01.2019)
S21, 1, 2: Zanotta
S22, 1: C00, pixabay.com (Zugriff: 16.01.2019)
S22, 2: Adobe Stock
S23, 1, 2, 3: Adobe Stock
S23, 4, 5: C00, pixabay.com (Zugriff: 16.01.2019)
S24, 1: Bertram Barth et al.: Praxis der Sinus-Milieus®
S27, 1: Memphis Milano (Foto Lucien Schweitzer Galerie et Editions) (Zugriff: 10.12.2018)
S27, 2: https://jaspermorrison.com (Zugriff: 10.12.2018)
S28, 1: Archiv Alessi
S28, 2: Alessi (Foto Stephan Kirchner)
S32, 1: Global Footprint Network (Zugriff: 14.11.2018)
S33, 1: Bär+Knell
S36, 1: Autoren
S37, 1: Autoren

S38, 1: Planetary Boundaries, nach Johan Rockström, Stockholm Resilience Centre et. al. 2009, Illustration Felix Müller (www.zukunft-selbermachen.de)
S39, 1: Kate Raworth, 2017, Illustration: Christian Guthier (https://bsahely.com) (Zugriff: 04.02.2019)
S40, 1: Autoren, in Anlehnung an Dyllick & Muff, 2016
S44, 1: Public Domain, Wikipedia (Zugriff: 27.07.2018)
S44, 2: www.onono.com/ononotitan (Zugriff: 15.07.2018)
S44, 3: WMF
S45, 1: WMF
S45, 2: Mercedes-Benz Advanced Design Studio in Como (www.carbodydesign.com) (Zugriff: 29.07.2018)
S45, 3: Autoren
S46, 1: C00, pixabay.com (Zugriff: 27.07.2018)
S46, 2: C00, www.process.vogel.de (Zugriff: 27.07.2018)
S46, 3: C00, pixabay.com (Zugriff: 27.07.2018)
S46, 4: Public Domain, Wikipedia (Zugriff: 27.07.2018)
S47, 1: Archiv Alessi
S48, 1a: MET
S48, 1b: Konstantin Grcic Design (Foto Magis)
S48, 2a: Landi Chair, Design Hans Coray, © Vitra (www.vitra.com) (Foto Marc Eggimann)
S48, 2b: Landi Chair, Design Hans Coray, © Vitra (www.vitra.com) (Foto Florian Böhm)
S48, 3: Panasonic
S49, 1: Public Domain, Wikipedia (Zugriff: 07.08.2018)
S50, 2: muji.eu (Zugriff: 01.08.2018)
S50, 3: tupperware.de (Zugriff: 01.08.2018)
S50, 4a: Adobe Stock
S50, 4b: Autoren
S51, 1a, b, c: Public Domain, Wikipedia (Zugriff: 01.08.2018)
S52, 1, 2, 3, 4: C00, pixabay.com (Zugriff: 02.08.2018)
S53, 1: WMF
S53, 2: Republic of Fritz Hansen

S53, 3: Lounge Chair, Design Charles & Ray Eames, © Vitra (www.vitra.com) (Foto Hans Hansen)
S54, 1: Memphis Milano (Foto Pariano Angelantonio)
S54, 2: Memphis Milano (Foto Pariano Angelantonio)
S55, 1: http://www.eichhorn-wohnshop.de (Zugriff: 04.02.2019)
S55, 2: www.miedl-design.com (Zugriff: 08.08.2018)
S55, 3: www.holztusche.de (Zugriff: 08.08.2018)
S55, 4: www.holztusche.de (Zugriff: 08.08.2018)
S56, 1: Thonet
S56, 2: www.edding.com (Zugriff: 15.01.2019)
S56, 3: www.tecnaro.de (Zugriff: 08.08.2018)
S56, 4: www.tecnaro.de (Zugriff: 08.08.2018)
S58, 1: Thonet
S58, 2: Thonet
S59, 1: Archiv Alessi
S59, 2a, b: Rolf Huber
S60, 1a: Thonet
S60, 1b: Archiv Alessi
S61, 1a: Zanotta
S61, 1b: Panton Chair by Verner Panton, © Vitra (www.vitra.com) (Foto Hans Hansen)
S62, 1: WMF
S62, 2: Konstantin Grcic Design (Foto Gerhardt Kellermann)
S66, 1: www.modulor.de (Zugriff: 13.01.2019)
S67, 1a, 1b, 2: www.modulor.de (Zugriff: 13.01.2019)
S68, 1: www.filocut.de (Zugriff: 05.01.2019)
S68, 2: www.filocut.de (Zugriff: 05.01.2019)
S69, 1, 2, 3: Adobe Stock
S71, 1: www.modulor.de (Zugriff: 13.01.2019)
S72, 1a, 1b, 1c, 2a, 2b, 2c: Autoren
S75, 1, 2, 3, 4: Stratasys / alphacam
S76, 1: Adobe Stock
S76, 2, 3: Rolf Huber
S77, 1a, 1b: Adobe Stock
S77, 2, 3: Stratasys / alphacam
S78, 1: Adobe Stock
S79, 1: alphacam
S80, 1a, 1b, 2a, 2b, 3a, 3b, 4a, 4b: Autoren
S83, 1: Boris Nestle

S83, 2a, 2b: Autoren, Icon Stuhl designed by ibrandify / Freepik
S84, 1: Biegert & Funk
S85, 1, 2: Biegert & Funk
S87, 1, 2, 3: Telenot
S91, 1: Biegert & Funk
S91, 2a: HfG-Archiv / Museum Ulm
S91, 2b: Adobe Stock
S92, 1: C00, pixabay.com (Zugriff: 16.01.2019)
S93, 1: Adobe Stock
S94, 1: C00, pixabay.com (Zugriff: 05.01.2019)

Danksagung für Abbildungen

Dank an die folgenden Designer, Museen und Unternehmen für die Möglichkeit, Abbildungen einsetzen zu können:

Alessi, Crusinallo, Italien
alphacam GmbH, Schorndorf, D
Bär+Knell, Bad Wimpfen, D
Biegert & Funk, Schwäbisch Gmünd, D
Droog, Amsterdam, Niederlande
Konstantin Grcic Design, Berlin, D
HfG-Archiv/Museum Ulm, Ulm, D
Memphis S.r.l., Milano, Italien
The Metropolitan Museum of Art, New York, USA
Jasper Morrison Ltd, London, Großbritannien
Republic of Fritz Hansen, Allerød, Dänemark
Stratasys, Rheinmünster, D
Telenot, Aalen, D
Thonet GmbH, Frankenberg, D
Vitra International AG, Birsfelden, Schweiz
VS Vereinigte Spezialmöbelfabriken GmbH & Co. KG, Tauberbischoffsheim, D
WMF, Geislingen, D
Zanotta, Nova Milanese, Italien
und insbesondere
Rolf Huber
Boris Nestle

Alle Zugriffe bei Wikipedia erfolgten auf „Public Domain"-Abbildungen.

11.4 Index

Printed by Wilco bv, the Netherlands